utb 5988

Eine Arbeitsgemeinschaft der Verlage

Brill | Schöningh – Fink · Paderborn
Brill | Vandenhoeck & Ruprecht · Göttingen – Böhlau · Wien · Köln
Verlag Barbara Budrich · Opladen · Toronto
facultas · Wien
Haupt Verlag · Bern
Verlag Julius Klinkhardt · Bad Heilbrunn
Mohr Siebeck · Tübingen
Narr Francke Attempto Verlag – expert verlag · Tübingen
Psychiatrie Verlag · Köln
Ernst Reinhardt Verlag · München
transcript Verlag · Bielefeld
Verlag Eugen Ulmer · Stuttgart
UVK Verlag · München
Waxmann · Münster · New York
wbv Publikation · Bielefeld
Wochenschau Verlag · Frankfurt am Main

Michael von Hauff

Grundwissen Circular Economy

Vom internationalen Nachhaltigkeitskonzept zur politischen Umsetzung

UVK Verlag · München

Umschlagmotiv: © Khanchit Khirisutchalual · iStockphoto

Bibliographische Information der Deutschen Nationalbibliothek
Die Deutsche Nationalbibliothek verzeichnet diese Publikation in der
Deutschen Nationalbibliografie; detaillierte bibliographische Daten
sind im Internet über http://dnb.dnb.de abrufbar.

DOI: https://doi.org/10.36198/9783838559889

© UVK Verlag 2023
– ein Unternehmen der Narr Francke Attempto Verlag GmbH + Co. KG
Dischingerweg 5 · D-72070 Tübingen

Das Werk einschließlich aller seiner Teile ist urheberrechtlich geschützt. Jede Verwertung außerhalb der engen Grenzen des Urheberrechtsgesetzes ist ohne Zustimmung des Verlages unzulässig und strafbar. Das gilt insbesondere für Vervielfältigungen, Übersetzungen, Mikroverfilmungen und die Einspeicherung und Verarbeitung in elektronischen Systemen.

Alle Informationen in diesem Buch wurden mit großer Sorgfalt erstellt. Fehler können dennoch nicht völlig ausgeschlossen werden. Weder Verlag noch Autor:innen oder Herausgeber:innen übernehmen deshalb eine Gewährleistung für die Korrektheit des Inhaltes und haften nicht für fehlerhafte Angaben und deren Folgen. Diese Publikation enthält gegebenenfalls Links zu externen Inhalten Dritter, auf die weder Verlag noch Autor:innen oder Herausgeber:innen Einfluss haben. Für die Inhalte der verlinkten Seiten sind stets die jeweiligen Anbieter oder Betreibenden der Seiten verantwortlich.

Internet: www.narr.de
eMail: info@narr.de

CPI books GmbH, Leck
Einbandgestaltung: siegel konzeption | gestaltung

utb-Nr. 5988
ISBN 978-3-8252-5988-4 (Print)
ISBN 978-3-8385-5988-9 (ePDF)
ISBN 978-3-8463-5988-4 (ePub)

Vorwort

Circular Economy gilt als eines der bedeutendsten Konzepte für den Transformationsprozess zu einer nachhaltigen Entwicklung. Das begründet sich primär aus der Erkenntnis, dass die bisher vorherrschende Produktions- und Konsumlogik des „Take, Make, Waste" besonders der ökologischen, aber auch der ökonomischen Nachhaltigkeit widerspricht. Es gilt also, das Wirtschaftsmodell der Linearwirtschaft bzw. der „Wegwerfwirtschaft" zu überwinden und ein neues Wirtschaftsmodell, basierend auf der Circular Economy, zu kreieren.

Circular Economy wird auch heute noch teilweise auf Recycling reduziert. Diese Interpretation ist jedoch viel zu eng: Circular Economy ist ein „umbrella concept", unter dem viele einzelne Maßnahmen bzw. Konzepte zusammengeführt werden. Versteht man Circular Economy also als eine ganzheitliche Systemlösung, so können aktuelle Krisen wie Klimawandel, Verlust an Biodiversität, die Übernutzung von Ressourcen und globale Gesundheitsgefährdungen eingegrenzt bzw. überwunden werden. Gleichzeitig wird die Wettbewerbsfähigkeit der Wirtschaft und einzelner Unternehmen gestärkt, indem die Rohstoffabhängigkeit verringert, die Wertschöpfung und die Schaffung neuer Arbeitsplätze gefördert werden.

Deutschland und die Europäische Kommission, aber auch Länder wie China, Japan, England, Frankreich, Kanada, die Niederlande, Schweden, Finnland und die USA sind um eine Förderung der Circular Economy bemüht. In zunehmendem Maße sind auch Unternehmen und in einem weiteren Sinne auch Gewerbegebiete daran interessiert, das Konzept erfolgreich einzuführen. Das lässt sich sowohl auf konzeptioneller Ebene als auch hinsichtlich der Entwicklung von Strategien zur Umsetzung feststellen.

Circular Economy lässt sich sowohl als gesamtwirtschaftliches bzw. in einem weiteren Sinne als gesamtgesellschaftliches Modell als auch als einzelwirtschaftliches Modell interpretieren und erläutern. Im Rahmen des einzelwirtschaftlichen Modells spricht man auch von zirkulären Geschäftsmodellen. Es wird jedoch immer wieder festgestellt, dass die wissenschaftliche Literatur zur Circular Economy bisher noch keine ausreichende Vertiefung erfahren hat und sowohl die konzeptionellen Diskussionen als auch die Entwicklung von Strategien für ihre Umsetzung noch relativ am Anfang stehen.

Während in einigen Bereichen bzw. Wirtschaftssektoren bereits Erfolge aufgezeigt werden können, gibt es einen breiten Konsens, dass das Konzept der Circular Economy im Bereich der ökologischen, ökonomischen und sozialen Dimension nachhaltiger Entwicklung noch große Potenziale bietet. Weiterhin lässt sich feststellen, dass in verschiedenen Bereichen wie dem Recycling, aber auch dem recyclingfreundlichen Produkt-Design noch ein großer Forschungsbedarf besteht, der auch international Kooperationsmöglichkeiten bietet. Weiterhin steht aus, die Circular Economy noch intensiver mit den 17 Zielen (SDGs) der Agenda 2030 zusammenzuführen und damit auch in die nationale Nachhaltigkeitsstrategie zu integrieren.

Eine wichtige Voraussetzung für eine konzeptionelle Ausgestaltung und Umsetzung der Circular Economy ist eine inhaltliche Konkretisierung des Konzeptes. Teilweise werden heute die Begriffe Circular Economy und Kreislaufwirtschaft synonym verwendet. Das bedeutet jedoch nicht, dass es auf nationaler bzw. internationaler Ebene inhaltlich ein gleiches Verständnis zu den Begriffen gibt.

Während Deutschland noch stark durch das Leitbild der Kreislaufwirtschaft, d.h. einer kreislauforientierten Abfallwirtschaft geprägt ist, die auf dem Kreislaufwirtschaftsgesetz basiert, hat sich auf internationaler Ebene das viel breitere Konzept der Circular Economy durchgesetzt. Entsprechend wird sie im Verhältnis zum deutschen Sprachraum international breiter und intensiver diskutiert. Das gilt besonders für den globalen Norden, während im globalen Süden die Circular Economy noch keine adäquate Beachtung gefunden hat. Daher ist es notwendig, die Circular Economy als eine globale Herausforderung zu verstehen und anzugehen. Nur so kann sie zur vollen Wirkung kommen.

Bisher gibt es im deutschen Sprachraum zur Circular Economy im Verhältnis zur Kreislaufwirtschaft nur relativ wenige Publikationen. Es gibt jedoch auch im deutschen Sprachraum erste Publikationen, bei denen Kreislaufwirtschaft in dem breiten Sinne von Circular Economy eingeordnet und abgehandelt wird. Konstatiert man die hohe Relevanz der Circular Economy für den Transformationsprozess zu einer nachhaltigen Entwicklung, ist es notwendig, sich auch den Hemmnissen zuzuwenden und diese durch geeignete Fördermaßnahmen zu überwinden. Schließlich geht es auch um die Frage der Grenzen der Circular Economy. Bisher wird auch die soziale, d.h. die gesellschaftliche Dimension noch stark vernachlässigt. Dabei gibt es einen breiten Konsens, dass die Circular Economy ganz wesentlich von der Gesellschaft mitgetragen und umgesetzt werden muss.

Stuttgart, November 2022   Michael von Hauff

Inhaltsverzeichnis

Vorwort 5

Abbildungsverzeichnis 11

Abkürzungsverzeichnis 13

1	**Einleitung**	**15**
2	**Circular Economy als Konzept nachhaltiger Entwicklung**	**23**
2.1	Inhaltliche Abgrenzung der Circular Economy	24
2.2	Die Relevanz der Circular Economy im Rahmen einer wachsenden Nachfrage nach Ressourcen	27
2.3	Die Bedeutung der Circular Economy für die Sustainable Development Goals (SDGs)	35
2.4	Exkurs: Die Bedeutung der Circular Economy für den Klimaschutz	37
3	**Theoretische und konzeptionelle Grundlagen der Circular Economy**	**43**
3.1	Von der Ökoeffektivität zur Circular Economy	44
3.2	Das Konzept der Circular Economy	49
3.3	Messung der Circular Economy	56
3.4	Exkurs: Von der Circular Economy zur Circular Society	61
4	**Entwicklung der Circular Economy in der EU, in Deutschland und im globalen Süden**	**67**
4.1	Entwicklung und Stand in der EU	67
4.2	Entwicklung und Stand in Deutschland	72
4.3	Beispiele zu Deutschland: Die Wiedergewinnung von Rohstoffen durch Recycling – exemplarisch	76
4.3.1	Recycling von Bauabfällen	77

4.3.2	Recycling von Plastikabfällen	80
4.3.3	Recycling von Photovoltaik-Panels	85
4.3.3	Recycling von Traktionsbatterien	89
4.4	Entwicklung und Stand im globalen Süden	91
5	**Konzepte ihrer Umsetzung**	**97**
5.1	Cradle to Cradle	97
5.2	Blue Economy	102
5.3	Performance Economy	107
6	**Umsetzung der Circular Economy**	**111**
6.1	Maßnahmen der vier Kategorien	112
6.1.1	Strukturelle Maßnahmen	113
6.1.2	Ordnungspolitische Maßnahmen	114
6.1.3	Ökonomische Maßnahmen	118
6.1.4	Kommunikative Maßnahmen	120
6.2	Die Relevanz der Digitalisierung für die Circular Economy	120
7	**Hemmnisse und Grenzen der Circular Economy**	**127**
7.1	Hemmnisse der Circular Economy	127
7.2	Grenzen der Circular Economy	132
8	**Schlussfolgerungen**	**137**
Literatur		141
Index		155

Abbildungsverzeichnis

Abb. 1	Die globale Entwicklung des Overshoot Day (Erdüberlastungs-Tag)	16
Abb. 2	Overshoot Day der Länder 2022	17
Abb. 3	Inhaltliche Konkretisierung der Circular Economy im zeitlichen Ablauf	26
Abb. 4	Bedarf unterschiedlicher Rohstoffe für ausgewählte Zukunftstechnologien (Schätzungen für 2013 und 2035)	29
Abb. 5	Die wirtschaftliche Bedeutung und das Versorgungsrisiko – Ergebnisse der Kritikalitätsbewertung 2020	30
Abb. 6	Technischer und biologischer Kreislauf des C2C-Konzepts	45
Abb. 7	Das Zusammenwirken des institutionellen Rahmens und Sozial- und Solidaritätsprinzipien	47
Abb. 8	Das Butterfly-Diagramm	51
Abb. 9	Circular Society	62
Abb. 10	Anfall und Verbleib der Fraktion Bauschutt 2018 in Mio. Tonnen	78
Abb. 11	Kunststoffabfälle in Deutschland 2019	82
Abb. 12	Die 10 Länder mit der höchsten PV-Kapazitäten	86
Abb. 13	Geschäftsmodell der Performance Economy	107

Abkürzungsverzeichnis

BIP	Bruttoinlandsprodukt
BMU	Bundesministerium für Umwelt, Naturschutz und nukleare Sicherheit
C2C	Cradle to Cradle
CBM	Circular Business Model
CE	Circular Economy
EC	European Commission
EMF	Ellen McArthur Foundation
EP	Europäisches Parlament
EPR	Extended Producer Responsibility
EU	Europäische Union
FAO	Food and Agricultural Organization
GHG	Greenhouse Gas – Treibhausgas
IKT	Informations- und Kommunikationstechnologie
IPPC	Intergovernmental Panel on Climate Change
LDC	Least Developed Country
LIC	Low Income Country
OECD	Organisation für wirtschaftliche Zusammenarbeit und Entwicklung
OEM	Original Equipment Manufacturer
PPP	Public Private Partnership
R&D	Research and Development – Forschung und Entwicklung
SC	Selective Collection
SDG	Sustainable Development Goal

t	Tonne
UBA	Umweltbundesamt
UN	Vereinigte Nationen
WBGU	Wissenschaftlicher Beirat der Bundesregierung Globale Umweltveränderungen
WWF	World Wide Fund For Nature

1 Einleitung

Die Dringlichkeit des Ausbaus der Circular Economy ist unbestritten, da das lineare Wirtschaftsmodell, das besonders in Industrieländern seit vielen Jahren dominiert, einen wachsenden Ressourcenerbrauch und Abfallaufkommen aufweist. Das Konzept des ökologischen Fußabdrucks zeigt, dass die Menschheit mit dem derzeitigen Ressourcenverbrauch die ökologische Kapazität der Erde schon langfristig übernutzt (Petrischak 2021, S. 30). Die Menschheit hat global einen durchschnittlichen Jahresverbrauch an natürlichen Ressourcen von 1,6 Erden (Earth Overshoot Day 2020). Deutschland hat mit etwa drei Erden einen fast doppelt so hohen Verbrauch (Earth Overshoot Day 2020).

An dem Earth Overshoot Day (Erdüberlastungstag) haben die Menschheit oder ein bestimmtes Land ihr Budget an natürlichen Ressourcen für das gesamte Jahr verbraucht. Die Tabelle zeigt, dass dieser Tag immer früher kommt. 1970 war dieser Tag am 29. Dezember. Im Jahr 2021 wurde dieser Tag bereits am 29. Juli erreicht, d.h. dass seit der Messung dieser Tag noch nie so früh erreicht wurde. Es ist zu erwarten, dass sich dieser Trend in den kommenden Jahren fortsetzt.

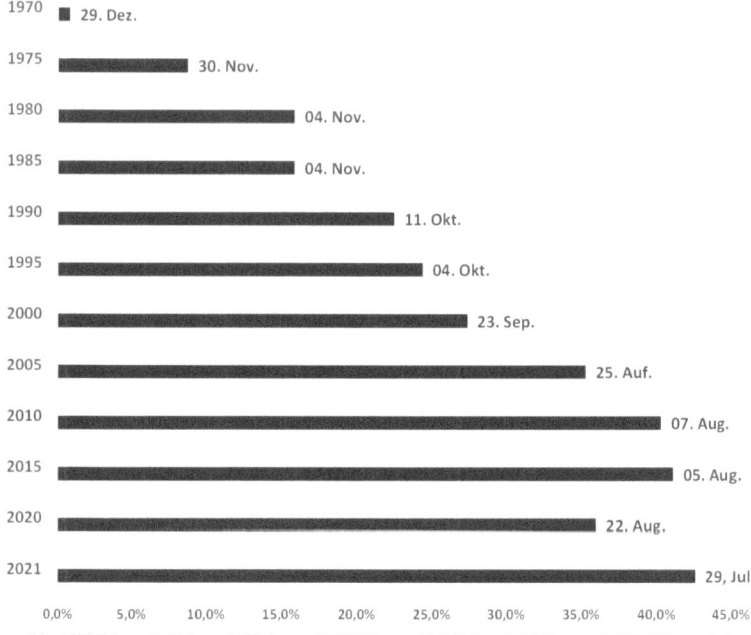

Quelle: In Anlehnung an Global Footprint Network
Abb. 1: Die globale Entwicklung des Overshoot Day (Erdüberlastungs-Tag)

Nach dem Global Footprint Network ist in den letzten 20 Jahren der Overshoot Day um zwei Monate vorgerückt. Eine Ausnahme bildet das Jahr 2020. In diesem Jahr war die wirtschaftliche Entwicklung auf Grund der Corona-Pandemie rückläufig und erreichte den gleichen Stand wie im Jahr 2005. Für die Entwicklung des kontinuierlich steigenden Ressourcenverbrauchs sind besonders die Industrieländer verantwortlich. Hätten alle Menschen den Lebensstil der USA, bräuchte es global nicht 1,6 Erden, sondern fünf Erden, um ein Gleichgewicht zu erreichen.

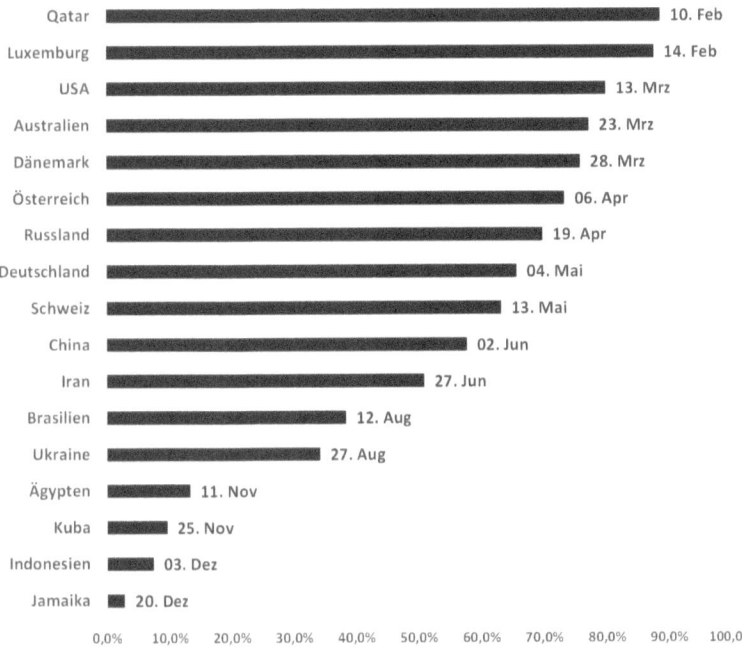

Quelle: Ausgewählte Daten aus Global Footprint Network 2022
Abb. 2: Overshoot Day der Länder 2022

Das Schaubild zeigt die globalen Durchschnittswerte. Die Werte für einzelne Länder werden in dem folgenden Schaubild abgebildet, wodurch die großen Unterschiede zwischen den Ländern deutlich werden. Danach haben Jamaika erst am 20. Dezember 2022 und Qatar bereits am 10. Februar den Overshoot Day erreicht, während für Deutschland (zusammen mit Israel) dieser Tag am 4. Mai 2022 erreicht war. Die Relevanz dieses Tages und seiner Veränderung wird vom Global Footprint Network wie folgt begründet: Die Schätzung des heutigen „*Ökologischen Fußabdrucks*" eines Landes, der als „*Now-Casting*" bezeichnet wird, ist für politische Analysten und Entscheidungsträger hilfreich, um die entsprechenden Maßnahmen zu ergreifen bzw. durchzuführen.

Die Berechnung erfolgt durch die Integration neuerer UN-Daten und die Anwendung aktualisierter Daten aus anderen Quellen.

„Now-Casting" liefert also eine Schätzung des Ist-Zustandes auf der Grundlage einer Kombination historischer Trends und aktueller Daten. Sie ist aber keine biophysikalische Berechnung auf der Grundlage gemeldeter Daten und muss daher mit der gleichen Vorsicht behandelt werden wie ein Prognosemodell. Auf dieser empirischen Grundlage lassen sich Projekte durchführen, wie dies 2018 vom WWF für Frankreich erfolgte.

Dabei gilt zu berücksichtigen, dass Rohstoffe nicht nur für die Herstellung einer breiten Palette von Gütern und Dienstleistungen des täglichen Lebens, sondern auch für die Entwicklung und Umsetzung neuer Innovationen notwendig sind. Sie sind, wie am Beispiel der Circular Economy gezeigt werden kann, vor allem für die Entwicklung ökoeffizienter und weltweit wettbewerbsfähiger Technologien erforderlich. Die sich beschleunigenden technologischen Innovationszyklen und das schnelle Wachstum der Schwellenländer haben zu einer weltweit steigenden Nachfrage nach Metallen und Mineralien geführt. Die Sicherung des Zugangs zu einer stabilen Versorgung mit mineralischen Rohstoffen ist besonders für rohstoffarme Länder wie Deutschland und deren Industrie eine große Herausforderung. (European Commission 2017, S. 10)

Der hohe bzw. steigende Ressourcenbedarf bzw. -verbrauch ist jedoch nicht monokausal zu betrachten, sondern mündet in eine multiple Krise. Das erklärt sich daraus, dass der Abbau natürlicher Ressourcen wie Seltene Erden, Metalle, Mineralien und Kohle hohe Treibhausgasemissionen, die ökologische Zerstörung ganzer Regionen und eine hohe gesundheitliche Belastung der Arbeitskräfte, die in diesen Sektoren tätig sind, verursacht. Daher muss eine Circular Economy auf einen umfassenden Transformationsprozess abzielen. Weiterhin ist der Zusammenhang von Rohstoffgewinnung und Biodiversitätsverlust zu erkennen und wahrzunehmen. So stellen Oberle et al. fest, dass die Gewinnung und Verarbeitung von Rohstoffen weltweit zum Verlust von 90 % der Biodiversität beitragen (Oberle et al. 2019). Diese Zusammenhänge werden in den weiteren Ausführungen jedoch nicht vertieft.

Bisher mangelt es noch an einer einheitlichen Abgrenzung der Circular Economy. Hinzu kommt, dass in Deutschland noch der weit verbreitete und populäre Begriff der Kreislaufwirtschaft dominiert. Er ist von der Circular Economy – wenn man das Kreislaufwirtschaftsgesetz zu Grunde legt – zu unterscheiden. So ist die Kreislaufwirtschaft in Deutschland durch das Kreislaufwirtschaftsgesetz, das am 1. Juni 2012 in Kraft trat und zum 5.7.2020 novelliert wurde, stark geprägt. Die Schwerpunkte hierbei sind die Schonung der natürlichen Ressourcen und den Schutz von Mensch und Umwelt bei der Erzeugung und Bewirtschaftung von Abfällen sicherzustellen. Ziel der novellierten Abfallrahmenrichtlinie ist eine verstärkte Förderung der Kreislaufwirtschaft durch Vermeidung und vor allem durch das verstärkte Recycling von Abfällen.

Die Circular Economy ist dagegen viel breiter angelegt. Es gibt bisher jedoch weder eine umfassende Gesetzgebung noch eine Strategie, die konsistent die Potenziale der Circular Economy zusammenführt und ausschöpft. Im Prinzip kann man hier von einem holistischen Ansatz sprechen: es geht darum, auf der Grundlage der planetaren Grenzen ein regeneratives System anzustreben bzw. umzusetzen. In diesem Verständnis werden der Ressourceneinsatz und die Abfallproduktion, Emissionen und der Energieverbrauch durch Verlangsamung, Verringerung und Schließung von Energie- und Materialkreisläufen minimiert.

Das wird durch eine langlebige Konstruktion, Instandhaltung bzw. Reparaturfähigkeit von Produkten und durch eine Förderung der Wiederaufbereitung und das Recycling angestrebt. Ein wichtiger Forschungsschwerpunkt in diesem Zusammenhang ist, das Design von Produkten so zu gestalten, dass ein optimales Recycling möglich wird. Heute werden in der deutschen Literatur Kreislaufwirtschaft und Circular Economy zunehmend gleichgesetzt, was jedoch aus den genannten Gründen der unterschiedlichen Reichweite der beiden Konzepte problematisch bzw. unzutreffend ist.

Die Circular Economy ist ein dynamisches System, da sich Produktionsprozesse, Produkte und der Konsum ständig weiterentwickeln. Das lässt sich am Beispiel der Energieerzeugung und der Mobilität, aber auch bei der Hardware der Digitalisierung sehr gut aufzeigen. Dabei geht es sowohl um die Verringerung des Ressourceninputs auf der Grundlage des technischen Fortschritts und ein ressourcenorientiertes Konsumverhalten. Bei der Aussonderung von Produkten geht es um eine verbesserte Rückführung von Materialien in die Stoffkreisläufe.

Die folgenden Ausführungen sind wie folgt strukturiert: In Kapitel zwei wird die Bedeutung der Circular Economy im Kontext des Transformationsprozesses zu einer nachhaltigen Entwicklung aufgezeigt. Die Begründung der Relevanz lässt sich exemplarisch im Rahmen der Dreidimensionalität nachhaltiger Entwicklung verdeutlichen. Die Knappheit und die Gefahr der Übernutzung von Ressourcen wie Seltene Erden begründet sich aus dem wachsenden Bedarf besonders in den Bereichen der Digitalisierung, regenerativer Energie und neuer Mobilitätskonzepte.

Dabei werden häufig die ökologischen Folgen des Ressourcenabbaus, wie die Vernichtung von Regenwäldern bzw. von landwirtschaftlichen Nutzflächen, aber auch der hohe Bedarf an Wasser und Energie, vernachlässigt. Vielen Arbeitskräften, die z.B. in Bergwerken Ressourcen abbauen, werden die international vereinbarten Arbeitsnormen und gesundheitliche Schutzmaßnahmen vorenthalten, was häufig zu schwerwiegenden Erkrankungen führt.

Kapitel drei wendet sich primär der theoretischen Begründung der Circular Economy zu. Lange Zeit stand die einzelwirtschaftlich ausgerichtete Ökoeffizienz bei der Einsparung von Ressourcen und Energie im Mittelpunkt. Das Konzept der Circular Economy hat jedoch inhaltlich eine viel größere Nähe zur Ökoeffektivität. Daher trägt die Ökoeffektivität zu einer theoretischen Begründung der Circular Economy ganz wesentlich bei. Das Konzept der Circular Economy strebt auf der Grundlage planetarer Grenzen ein regeneratives System an. Dabei geht es darum den Ressourceneinsatz und die Erzeugung von Abfällen, Emissionen und den Energieverbrauch zu verlangsamen, zu verringern und schließlich Material- und Energiekreisläufe zu schließen.

In der EU und entsprechend auch in Deutschland ist man in zunehmendem Maße um eine Strategie der Circular Economy bemüht, wie in Kapitel vier dargestellt wird. Bisher gibt es vielfältige sektorale Bemühungen, die jedoch noch nicht zu einer konsistenten und übergreifenden Strategie geführt haben. Daher werden hierzu die Entwicklungen und der Stand zur Circular Economy in der EU und Deutschland aufgezeigt. Für Deutschland werden die vielfältigen Ansätze und Bemühungen am Beispiel der Wiedergewinnung von Rohstoffen durch Recycling exemplarisch aufgezeigt. Abschließend werden in diesem Kapitel die Entwicklung und der Stand im globalen Süden erläutert. Das begründet sich daraus, dass Circular Economy eine globale Herausforderung ist, die entsprechend global gelöst werden muss.

In der Circular Economy gibt es unterschiedliche Denkschulen und Konzepte, die in Kapitel fünf dargestellt werden. Dieses Kapitel konzentriert sich auf zwei viel diskutierte Konzepte: den Cradle-to-Cradle-Ansatz und die Blue Economy. Dabei wird gezeigt, welchen Beitrag diese Konzepte zur Umsetzung der Circular Economy geleistet haben und welche Potenziale noch bestehen. In dem Kapitel wird abschließend noch kurz die Performance Economy vorgestellt, die noch nicht die Aufmerksamkeit der beiden anderen Konzepte gefunden hat.

In Kapitel sechs werden die Anforderungen für die Umsetzung der Circular Economy erläutert. Wichtig dabei ist, sich zunächst auf ein gemeinsames Zielbild zu verständigen. Auf dieser Grundlage lassen sich dann Maßnahmen entwickeln und ausgestalten. Das Kapitel sieben wendet sich schließlich Hemmnissen und Grenzen der Circular Economy zu. Daraus lassen sich Maßnahmen für eine Überwindung von Hemmnissen und Grenzen der Circular Economy ableiten. Abschließend werden im Rahmen der Schlussfolgerungen wichtige Erkenntnisse noch einmal zusammengefasst.

2 Circular Economy als Konzept nachhaltiger Entwicklung

Die Circular Economy hat sich in Deutschland in Forschung und Lehre hinsichtlich ihrer Relevanz für die nachhaltige Entwicklung noch nicht in dem gewünschten Maße etabliert. Das begründet sich u.a. aus einem Mangel an deutschsprachiger Literatur zu dem Thema bzw. der unzureichenden Verankerung in Lehre und Forschung.

Das Prinzip der Circular Economy ist aber auch in der Gesellschaft noch nicht ausreichend bekannt. Dabei gilt die Circular Economy heute als eines der effektivsten Konzepte für den Transformationsprozess zu einer nachhaltigen Entwicklung. Weitgehend unbekannt ist auch die enge Verknüpfung von Circular Economy beispielsweise zum Klimaschutz bzw. zu Beschäftigung und Wertschöpfung. In einer Studie, in der sieben europäische Länder untersucht wurden, wird aufgezeigt, dass die Förderung einer Circular Economy das Treibhausgas bis zu 70 % senken und die Beschäftigung um 4 % erhöhen kann (Sahel 2016, S. 436). Danach wirkt sie sich auf verschiedene Bereiche der Umwelt und Wirtschaft positiv aus.

Es ist jedoch festzustellen, dass der Begriff der Circular Economy bisher nicht einheitlich definiert wird. Daher ist zunächst eine kurze inhaltliche Abgrenzung erforderlich. Nach einer ersten Standortbestimmung ist es dann möglich, die Circular Economy in das Paradigma der nachhaltigen Entwicklung einzuordnen.

Die Relevanz der Circular Economy lässt sich entsprechend der Dreidimensionalität nachhaltiger Entwicklung im Rahmen der ökologischen, der ökonomischen und der sozialen Dimension begründen. Das erfolgt am Beispiel Seltener Erden. Der weltweit wachsende Bedarf an Seltenen Erden für neue Technologien, besonders im Kontext der Digitalisierung, der Erzeugung regenerativer Energieträger und einer nachhaltigen Mobilität wird immer offensichtlicher, was weitreichende Auswirkungen auf die wirtschaftliche Entwicklung hat.

Der Ressourcenabbau und die Erschließung neuer Gebiete für den weiteren Abbau führen besonders in Entwicklungsländern in der Regel zu einer ökologischen Zerstörung ganzer Regionen. Das hat besonders für die Lebensgrundlage der regionalen Bevölkerung weitrechende Konsequenzen. Die Folge ist beispielsweise die Entforstung von Waldflächen, die Verunreinigung des Wassers, aber auch die Belastung bzw. Zerstörung landwirtschaftlich genutzter Flächen der Region. Das verursacht vielfach Krankheiten und beeinträchtigt die Erträge landwirtschaftlicher Produkte.

In einem nächsten Schritt wird aufgezeigt, welchen Beitrag die Circular Economy leisten kann, die Probleme der wachsenden Ressourcenknappheit und die negativen Auswirkungen des Ressourcenabbaus zu verringern bzw. zu beseitigen. Wie einführend schon erwähnt, geht es darum, den Ressourceneinsatz und die Abfallproduktion, Emissionen und den Energieverbrauch durch Verlangsamung, Verringerung und Schließung von Energie- und Materialkreisläufen zu minimieren.

2.1 Inhaltliche Abgrenzung der Circular Economy

Auch wenn die Circular Economy inhaltlich bisher nicht einheitlich abgegrenzt wird, so gibt es ein gemeinsames Grundverständnis. Das kann man durch den historischen Ursprung der Circular Economy verdeutlichen. Im Prinzip hat sie in der traditionellen landwirtschaftlichen Subsistenzwirtschaft ihren historischen Ursprung. Das Ziel der Landwirtschaft war, die Fruchtbarkeit landwirtschaftlicher Nutzflächen zu erhalten, indem organische Abfälle, die im Haushalt, Stall oder bei der Verarbeitung von Ackerfrüchten anfielen, wieder in die Äcker zurückgeführt wurden. (Gäth, Meißner 2013, S. 107) Dieses Denken und Handeln in Kreisläufen ermöglichte es, Landwirten lange vor den ersten Überlegungen zu einer Circular Economy eine nachhaltige Bodenbewirtschaftung und die Erzeugung von Nahrungsmitteln zu gewährleisten.

Es gibt eine umfassende Diskussion zur inhaltlichen Konkretisierung der Circular Economy. Teilweise wird sie aus mikroökonomischer und teilweise aus gesamtwirtschaftlicher Perspektive inhaltlich abgegrenzt, wobei Circular Economy primär als gesamtwirtschaftliches Konzept verstanden wird. So interpretieren Kirchherr et al. im Rahmen einer Auswertung unterschiedlicher Definitionen der Circular Economy

> *"as an economic system that replaces the 'end-of-life' concept with reducing, alternatively reusing, recycling and recovering materials in production/distribution and consumption processes. It operates at the micro level (products, companies, consumers), meso level (eco-industrial parks) and macro level (city, region, nation and beyond), with the aim to accomplish sustainable development, thus simultaneously creating environmental quality, economic prosperity and social equity, to the benefit of current and future generations."* (Kirchherr et al. 2017, S. 228)

Diese Definition ist breit und differenziert angelegt und enthält alle relevanten Merkmale bzw. Anforderungen einer Circular Economy. Dennoch gibt es bisher, wie u.a. Sanguino et al. feststellen, noch keine allgemein akzeptierte Definition für Circular Economy (Sanguino et al. 2020). Für sie sind jedoch die 3 R-Prinzipien „*reduction, reuse und recycling*" von Material und Energie von zentraler Bedeutung. Teilweise wird ein 4. R-Prinzip hinzugefügt: „*recover*". Es sind die vier zentralen Möglichkeiten einer nachhaltigen Abfallverringerung bzw. -beseitigung. Die 4 R-Prinzipien lassen sich weiter konkretisieren (Kirchherr et al. 2017, S. 230):

Reduce: gefordert wird ein Umdenken, Umgestalten (einschließlich der Verlängerung der Lebensdauer von Produkten), Minimierung, Reduzierung, Vermeidung von Ressourcenverbrauch und / oder Erhaltung des Naturkapitals:

- **Reuse:** es geht um Wiederverwendung (ausgenommen Abfall), Schließung des Kreislaufs, Reparieren und/oder Aufarbeiten von Ressourcen;
- **Recycle:** angestrebt wird die Wiederaufbereitung besonders in Form von Recycling und damit die Schließung des Kreislaufs,

Kreislaufführung und/oder Wiederverwendung von Abfällen;
- **Recover:** es geht um die Verbrennung von Materialien mit Energierückgewinnung.

Die folgende Abbildung zeigt, welchem der vier R in der Literatur die meiste Zuwendung bzw. inhaltliche Konkretisierung zukam: Reuse und Recycling haben eine überdurchschnittliche Beachtung erfahren.

Während das Ziel der Circular Economy „nachhaltige Entwicklung zu fördern" eindeutig vorgegeben ist, hängt die Reihenfolge der 4 R-Prinzipien von dem jeweiligen Bereich, im Rahmen dessen sie umgesetzt werden, ab. Grundsätzlich sollte jedoch dem *Reduce* als gesamtgesellschaftliches Anliegen bzw. Aufgabe eine Priorität gegeben werden. Dagegen sind beispielsweise die Möglichkeiten des Recyclings oder des Reparierens unter Berücksichtigung der Kosten und des Energieaufwandes sehr unterschiedlich zu bewerten.

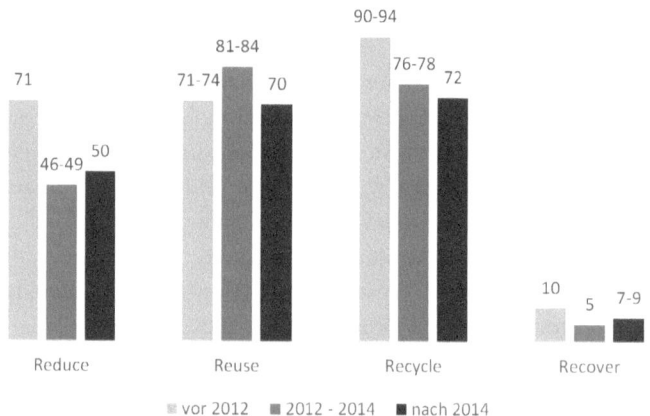

Quelle: In Anlehnung an Kirchherr et al. 2017, S. 230
Abb. 3: Inhaltliche Konkretisierung der Circular Economy im zeitlichen Ablauf

Hiervon ist, wie schon erwähnt, die stark durch Deutschland geprägte Kreislaufwirtschaft, die in ihrer historischen Entwicklung primär im Sinne einer recyclingorientierten Abfallwirtschaft bis heute verstanden wird, abzugrenzen. Im Rahmen einer Circular

Economy geht es neben der Wiederverwertung von Ressourcen (Recycling) darum, auch die Wertschöpfungspotenziale weiterer Zirkularitätsstrategien wie Wartung und Upgrade, Reparatur, Wiederverwendung oder Wiederaufbereitung noch einmal hervorzuheben.

Es gibt erste Publikationen, die Kreislaufwirtschaft in dem weiteren Verständnis verwenden, wodurch es zu einer Annäherung zwischen den Begriffen kommt. Es erscheint jedoch angebracht, den international geläufigen Begriff der Circular Economy zu präferieren, um global zu einem gleichen Verständnis zu kommen. Dabei geht es hauptsächlich darum, die Vielzahl und Vielfalt der Wertschöpfungspotenziale durch Zirkularitätsstrategien so weit wie möglich auszuschöpfen und dadurch zu einer annähernden Schließung von Stoffkreisläufen zu kommen.

Hierzu eine erste Standortbestimmung: obwohl in Deutschland die stofflich und energetisch verwerteten Abfälle am gesamten Abfallaufkommen seit 2006 ständig gestiegen sind, kommt der Sachverständigenrat für Umweltfragen in einer neueren Publikation zu der Einschätzung, dass in Deutschland bisher nur eine „kreislauforientierte Abfallwirtschaft" erreicht wurde. (Sachverständigenrat für Umweltfragen 2020)

2.2 Die Relevanz der Circular Economy im Rahmen einer wachsenden Nachfrage nach Ressourcen

Der zukünftige Ressourcenverbrauch lässt sich durch ein Bild anschaulich verdeutlichen: bis 2050 hat der weltweite Verbrauch ein Niveau erreicht, als gäbe es drei Planeten. Die OECD hat dieses Bild konkretisiert, indem sie in einem Bericht feststellt, dass der Verbrauch an Materialien wie Biomasse, fossilen Brennstoffen, Metallen und Mineralien sich in den nächsten vierzig Jahren verdoppelt (OECD 2018). Gleichzeitig ist zu erwarten, dass das jährliche Abfallaufkommen bis 2050 voraussichtlich um 70 % steigen wird (Weltbank 2018). Dabei kann festgestellt werden, dass die Hälfte der Treibhausgasemissionen und Biodiversitätsverluste und der

Wasserstress sogar mehr als 90 % auf die Gewinnung und Verarbeitung von Ressourcen zurückzuführen sind. Daran wird die Relevanz einer Circular Economy noch einmal deutlicher.

Geht man der Frage nach, wie sich der steigende Bedarf an bestimmten Ressourcen begründet, so geht das häufig auf den technischen Fortschritt zurück, was sich exemplarisch an der Digitalisierung und den Trägern regenerativer Energie verdeutlichen lässt. Die Digitalisierung führt zu einer Durchdringung aller Lebensbereiche mit digitaler Technologie. Hier stellt sich die Frage, wie viele und welche Art von Ressourcen eingesetzt werden müssen, damit die Digitalisierung den Stellenwert erlangt, den sie in den unterschiedlichsten Branchen und Sparten einnehmen soll. Seien es die personalisierte Medizin bzw. das Gesundheitswesen, intelligente Verkehrskonzepte mit elektronischen Leitsystemen, die industrielle Produktion 4.0, die neuen Finanzsysteme, oder sei es die industrielle Landwirtschaft (Reller 2020, S. 27).

Der starke Preisverfall digitaler Geräte förderte zusätzlich die wachsende Verbreitung von Computern, Mobiltelefonen, Displays und Medizintechnik. Aber auch die neuen Technologien zur Erzeugung regenerativer Energie wie Windkraftanlagen und Solarzellen, Energiesparlampen, Hochleistungsbatterien für die Elektromobilität bzw. die Wasserstofftechnologie führen zu einem großen Verbrauch von Seltenen Erden, der in Zukunft noch weiter steigen wird.

Die Abbildung 4 zeigt den Bedarf für das Jahre 2013 im Verhältnis zu dem zu erwartenden Bedarf im Jahr 2035. Dabei wird deutlich, dass der Bedarf einiger Rohstoffe wie Lithium überdurchschnittlich stark steigt, während der Bedarf anderer Rohstoffe weniger zunimmt bzw. der Bedarf an Zinn sogar relativ sinkt. Insgesamt besteht jedoch der Trend, dass bei den meisten Rohstoffen eine relative Zunahme erwartet wird. Aus diesem Grund hat die EU-Kommission schon im Jahr 2011 insgesamt 14 Metalle als besonders kritisch eingestuft. Die erste Liste wurde 2014 und 2017 überarbeitet und auf 27 kritische Stoffe erweitert. Im Jahr 2020 enthielt die Liste schließlich 30 Rohstoffe. (European Commission 2020, S. 2)

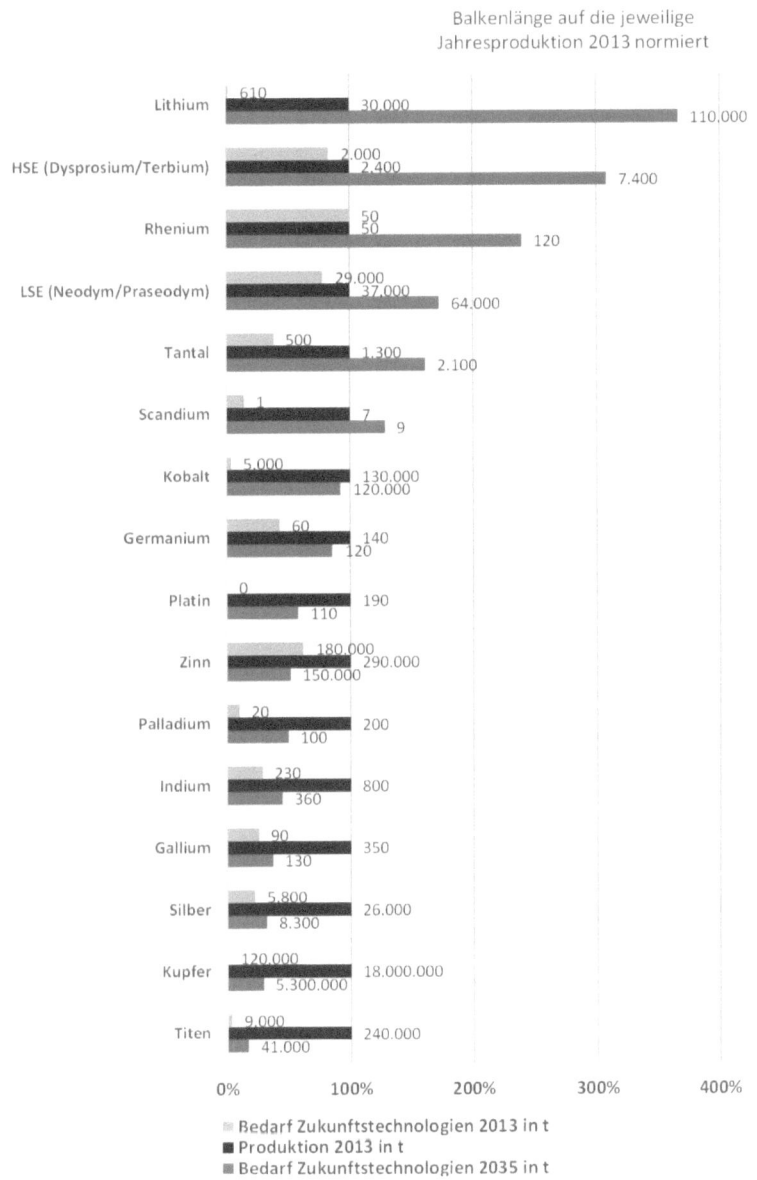

Quelle: In Anlehnung an Marscheider-Weidemann et al. 2016
Abb. 4: Bedarf unterschiedlicher Rohstoffe für ausgewählte Zukunftstechnologien (Schätzungen für 2013 und 2035)

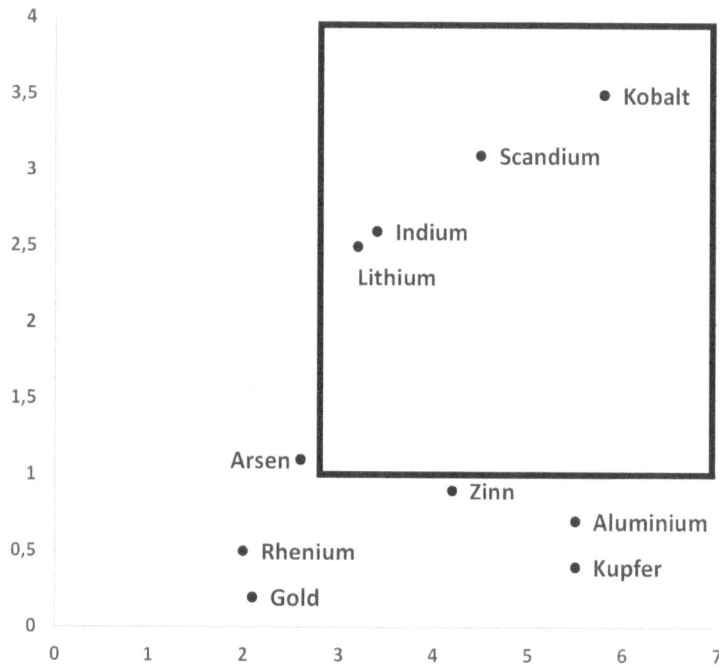

Quelle: In Anlehnung an European Commission 2020, S. 3
Abb. 5: Die wirtschaftliche Bedeutung und das Versorgungsrisiko – Ergebnisse der Kritikalitätsbewertung 2020

Die Ergebnisse der Kritikalitätsbewertung im Jahr 2020 werden in Abbildung 5 dargestellt. Hierbei werden lediglich ausgewählte Rohstoffe abgebildet. Die vertikale Achse spiegelt das Versorgungsrisiko und die horizontale Achse die wirtschaftliche Bedeutung wider. Die kritischen Rohstoffe befinden sich innerhalb des Rechtecks und damit innerhalb der Kritikalitätszone SR ≥ 1 und EI ≥ 2,8 der Grafik. Betrachtet man das Schaubild, so wird deutlich, dass sich die kritischen Rohstoffe durch ein relativ hohes Niveau bei hoher wirtschaftlicher Bedeutung auszeichnen und so eindeutig der Gruppe der kritischen Metalle zuzuordnen sind. Weitere kritische Rohstoffe, die in der Abbildung nicht dargestellt sind, sind u.a. LSE, HSE, Magnesium, Naturgummi, Phosphat, Bauxit, Strontium, Phosphor, Titan, Wolfram, Flussspat, Kokskohle, Baryt, Niob, Beryllium, Bismut, Vanadium und Tantal.

Die OECD geht in ihrer Prognose weiter. Danach wird sich der globale Materialbedarf von heute 79 Milliarden Tonnen auf 167 Milliarden Tonnen im Jahr 2060 mehr als verdoppeln. Der globale Wettbewerb um Ressourcen wird in den kommenden Jahrzehnten also intensiver. Die Abhängigkeit von kritischen Rohstoffen ersetzt im Prinzip schon in zunehmendem Maße die heutige Abhängigkeit von Öl und Erdgas.

Die am 11. Dezember 2019 verabschiedete EU-Mitteilung zum Green Deal erkennt den Zugang zu Ressourcen als strategische Sicherheitsfrage, um die Klimaziele für 2030 und das Ziel der Klimaneutralität bis 2050 zu erreichen (European Commission 2020, S. 4). Berücksichtigt man, dass eine kohlenstoffarme Wirtschaft ein zentrales Ziel der EU und auch Deutschlands ist, erfordert dies den verstärkten Einsatz regenerativer Energieträger, die den CO_2-Fußabdruck des gesamten Energiesystems erheblich reduzieren.

Die Auflistung von kritischen Metallen reicht jedoch für die Einschätzung des Versorgungsrisikos nicht aus. Die Kritikalitätsanalyse basiert zunächst auf den Parametern Versorgungsrisiko und wirtschaftliche Bedeutung. Heute wird jedoch eine ausgereifte Methode zur Berechnung des Versorgungsrisikos angewandt, die auf vier Determinanten beruht (European Commission 2017, S. 11):

- Einbeziehung des Parameters Importabhängigkeit;
- Berücksichtigung der Anteile des globalen Angebots und der tatsächlichen Beschaffung des Materials in die EU (inländische Produktion plus Importe);
- Einbeziehung von handelsbezogenen Parametern auf der Grundlage von Exportbeschränkungen und den EU-Handelsabkommen;
- Anleitung zur Verbesserung der Ergebnisse der End-of-Life Recycling Input Rate (EOL-RIR) unter Verwendung EU-basierter Daten von höherer Qualität.

Hier stellt sich die Frage, welchen Beitrag die Circular Economy zur Reduzierung des Versorgungsrisikos leisten kann. Im Prinzip können alle Maßnahmen, die bereits unter den 4 R-Prinzipien Reduce, Reuse, Recycling und Recover aufgeführt wurden, genannt werden. Dabei ist den drei erstgenannten Prinzipien vor dem vierten R „Recover" der Vorrang einzuräumen. Die einzelnen Maßnahmen der 4 R-Prinzipien werden in Kapitel 3 noch ausführlich behandelt.

In einem breiteren Verständnis nachhaltiger Entwicklung sollte es jedoch nicht nur um die Knappheit von Ressourcen und deren Verringerung bzw. Vermeidung aus der Sicht der Industrie- und Schwellenländer gehen. Sowohl der Abbau als auch die Verarbeitung von Ressourcen haben weitreichende ökologische und soziale Folgen, die exemplarisch aufgezeigt werden. So gilt auch für alltägliche Metalle ihre Kritikalität zu ergründen und die Unbedenklichkeit einer breit angelegten Nutzung zu prüfen.

Hierzu ein Beispiel: Kupfer war und ist auch heute noch eines der wichtigen Metalle der Technosphäre. Die Weltproduktion von Kupfer betrug im Jahr 2018 21 Millionen Tonnen. Es handelt sich um das am weitesten verbreitete und installierte Strom- und Informationsleitermetall. Der Bedarf an Kupfer, gemessen in Millionen Tonnen, kann unter Berücksichtigung des „Stromhungers" besonders der Digitalisierung nur geschätzt werden.

Externe Effekte des Ressourcenabbaus, die häufig vernachlässigt werden, haben im Kontext nachhaltiger Entwicklung – wie schon erwähnt – eine große Bedeutung. Sie führen bei den bestehenden und auch bei den neu entstehenden Minen je nach Standort und Erzgehalt zu unterschiedlichen Externalitäten. Der Metallgehalt von wenigen Gramm pro Tonne Erz erfordert enorme Erdbewegungen, die großflächige Abraumhalden verursachen. (Reller 2020, S. 30) Hinzu kommt, dass große Mengen von 40 bis 96 m^3 Frischwasser pro Tonne Kupfer zur Aufbereitung eingesetzt werden müssen. (Meißner 2021)

Schließlich ist ein extremer Energieaufwand für die Gewinnung und Raffination notwendig. Die aufgezeigten Belastungen der Ökosysteme können durch eine Reduktion des Abbaus und der Verarbeitung von Ressourcen reduziert werden, indem Sekundärrohstoffe über Kreisläufe in den Produktionsprozess zurückgeführt werden. Das folgende Beispiel lässt sich in vielen Entwicklungsländern in ähnlicher Form feststellen.

Allgemeine Problemsituation: Seltene Erden und andere Metalle sind überwiegend in Entwicklungsländern, d.h. in vulnerablen Staaten mit schwachen bzw. korrupten Regierungen zu finden. Diese Staaten sind oft reich an Rohstoffen, wobei ein großer Teil der Bevölkerung nicht an den Rohstoffgewinnen partizipiert, sondern unter dem Abbau der Rohstoffe leidet. Um die Rohstoffe abzubauen, werden meistens landwirtschaftliche Nutzflächen vernichtet oder Regenwälder abgeholzt. Dadurch werden Lebensräume von Menschen, Tieren und Pflanzen zerstört und damit auch die Biodiversität verringert. Die Gewinne aus dem Bergbau fließen in der Regel großen, teilweise skrupellosen Konzernen und korrupten Regierungen zu.

Der Bergbau verbraucht ganz allgemein große Mengen an Wasser, wodurch die Gefahr besteht, dass Flüsse austrocknen bzw. das Wasser belastet wird und der Grundwasserspiegel sinkt. Schadstoffe und Schwermetalle, die beim Abbau freigelegt werden, belasten in den Regionen Menschen und Ökosysteme. Für die harte und gesundheitsschädliche Arbeit erhalten Arbeitskräfte in der Regel nur eine geringe Entlohnung. Durch die Minen entstehen regional „ökologische Wüsten", die meistens nicht renaturiert werden. Etwa ein Fünftel der Weltbevölkerung, also überwiegend die Bevölkerung der Industrieländer, verbrauchen vier Fünftel der Rohstoffe.

Fallstudie: Abbau von Kobalt im Kongo

Dies soll am Beispiel einer Region in der Republik Kongo konkretisiert werden. Der Kongo gehört weltweit zu den rohstoffreichsten Ländern und gleichzeitig – gemessen an der Einkommenssituation der Bevölkerung – zu den ärmsten Nationen der Welt. Neben Zinn, Diamanten, Tantal, das aus dem Erz Coltan gewonnen wird, und Gold verfügt das Land über die weltweit größten Vorkommen an Kobalt. Es handelt sich um ein wichtiges Material für die Herstellung von Akkus und Batterien, die besonders für Elektroautos benötigt werden. Viele Rohstoffe werden im Kongo illegal abgebaut und die Einnahmen fließen Rebellen und korrupten Regierungsmitgliedern zu.

Ein Forscherteam unter Leitung von Jennifer Dunn von der Northwestern University/USA hat die Situation des Kleinbergbaus in Lualaba/ Republik Kongo, der von Kooperativen kontrolliert wird, untersucht. Diese Kooperativen werden von lokalen Händlern oder fremden Investoren gegründet. Die Kooperativen sind eigentlich zu Sicherheits- und Umweltstandards verpflichtet, die jedoch nicht kontrolliert werden. Wer keinen Besitzanspruch auf das Land nachweisen kann, was bei Kleinfarmern oft der Fall ist, wird entschädigungslos vertrieben.

In einer Studie hat das Forscherteam die ökologischen und sozialen Missstände aufgezeigt und kennzeichnet die Situation mit „Wildwest-Mentalität" (Dunn 2021). Um die Kobaltminen herum sind die Böden und das Wasser verseucht. Die Bevölkerung, die im Umfeld der Metallminen wohnt, erleidet durch die hohe Luftverschmutzung oft Lungenkrankheiten. Die Minenarbeiter sind durch die Radioaktivität, die von den Kobalt- und Tantalerzen ausgehen, gesundheitlich in hohem Maße gefährdet. Besonders beklagenswert ist, dass viele Kinder in den Kobaltminen ohne jegliche Schutzkleidung arbeiten müssen. Die Entlohnung liegt oft unter dem Existenzminimum, weshalb sie nicht die notwendigen Lebenshaltungskosten deckt.

So kommen Dunn und ihr Team zu der Schlussfolgerung: „While driving an electric car has fewer environmental impacts than gasoline-powered cars, the production of the parts necessary for these green technologies can have dire effects on human well-being." (Dunn 2021, S. 1)

Dies ist eines von hunderten ähnlich gelagerten Beispielen, die besonders bei Regierenden der Industrieländer kaum Beachtung finden. Auch aus dieser Perspektive kommt der Reduzierung von Rohstoffen besonders in Industrieländern durch eine Circular Economy eine große Bedeutung zu.

2.3 Die Bedeutung der Circular Economy für die Sustainable Development Goals (SDGs)

Der Bedeutung der Circular Economy für die nachhaltige Entwicklung lässt sich auf verschiedenen Ebenen zeigen. Ein Ansatz zielt darauf ab, operationale Prinzipien der Circular Economy zu identifizieren, die zu einer nachhaltigen Entwicklung beitragen (Suárez-Eiroa et al. 2018, S. 955). Geht man von der weithin bekannten Definition nachhaltiger Entwicklung des Brundtland-Berichts aus, so ist dauerhafte Entwicklung eine Entwicklung, „die die Bedürfnisse der Gegenwart befriedigt, ohne zu riskieren, dass künftige Generationen ihre eigenen Bedürfnisse nicht befriedigen können." (v. Hauff, 1987, S. 46) Diese Definition fordert sowohl

- die intragenerationelle Gerechtigkeit, bei der es um einen gerechten Ausgleich der Interessen der Menschen zwischen Industrie- und Entwicklungsländern, aber auch der Menschen in den einzelnen Industrie- und Entwicklungsländern geht, und
- die intergenerationelle Gerechtigkeit, die fordert, dass zukünftige Generationen in ihrer Bedürfnisbefriedigung nicht durch die Lebensweise der gegenwärtig lebenden Generation beeinträchtigt werden.

Die Circular Economy hat insofern einen Bezug zur intergenerationellen Gerechtigkeit, da sie implizit auch auf eine gerechte Nutzung von Ressourcen zu Gunsten der zukünftigen Generation abzielt. Dabei standen häufig die ökologischen Ziele (Entlastung der Umwelt) und die wirtschaftlichen Ziele (Verringerung des Inputs an Ressourcen) im Vordergrund. Die soziale Dimension (u.a. Entstehung neuer Arbeitsplätze, gerechte Entlohnung und Beachtung der Menschenrechte) gewinnt im Kontext der Circular Economy jedoch zunehmend an Bedeutung.

In einigen Länderstudien wird aufgezeigt, dass "the Circular Economy approaches could bring important benefits of cost savings, job creation, innovation, productivity, and resource efficiency in both developed and developing countries." (Gower, Schroeder 2016) So schätzt die Ellen-MacArthur-Foundation, dass eine Umstellung auf eine Circular Economy bis 2030 die Nettoausgaben für

Ressourcen in der Europäischen Union (EU) um 600 Milliarden Euro pro Jahr senken, die Ressourcenproduktivität um bis zu 3 % pro Jahr verbessern und einen jährlichen Nettonutzen von 1,8 Billionen Euro generieren könnte (Ellen-MacArthur-Foundation 2015).

Die folgenden Ausführungen beschäftigen sich mit der Frage, welche Bedeutung die Circular Economy für die Umsetzung der Sustainable Development Goals (SDGs) hat. Hierzu kurz der Hintergrund: Im Jahr 2015 fand in New York der UN-Sondergipfel unter dem Titel *„Tranforming our world: the 2030 Agenda for Sustainable Development"* statt. Auf diesem Gipfel wurde die Agenda 2030 von der Völkergemeinschaft, d.h. von allen UN-Mitgliedsstaaten, verabschiedet. Das Kernstück der Agenda 2030 sind die 17 Sustainable Development Goals, die mit 169 Unterzielen weiter untergliedert sind. Alle Länder haben sich verpflichtetet, auf der Grundlage der 17 SDGs der Agenda 2030 eine nationale Nachhaltigkeitsstrategie zu entwickeln und umzusetzen (v. Hauff, Schulz, Wagner 2018).

Auffällig ist, dass der Zusammenhang zwischen den einzelnen SDGs und der Circular Economy erst in den vergangenen Jahren eine wachsende Aufmerksamkeit findet (vgl. u.a. Rodriguez-Anton et al. 2019). Dabei besteht kein Zweifel, dass die Circular Economy einen wichtigen Beitrag zur Umsetzung mehrerer SDGs direkt bzw. indirekt (über andere SDGs) leisten kann. Das soll exemplarisch verdeutlicht werden (Schroeder et al. 2018, S. 81). Zunächst lässt sich ein unmittelbarer bzw. direkter Zusammenhang zwischen SDG 12 „Nachhaltige Konsum- und Produktionsmuster sicherstellen" und der Circular Economy feststellen.

Als weitere, besonders relevante Zielbeziehung wird SDG 8 „Dauerhaftes, breitenwirksames und nachhaltiges Wirtschaftswachstum, produktive Vollbeschäftigung und menschenwürdige Arbeit für alle" genannt. Das Ziel ist mit den 3 Ks, besonders mit Reuse und Recycling kompatibel, da sie zu den einzelnen Zielkomponenten von SDG 8 einen Beitrag leisten können. So soll beispielsweise durch Diversifizierung, technologische Modernisierung und Innovationen eine höhere wirtschaftliche Produktion erreicht werden.

Völlig unzureichend bei SDG 8 ist jedoch der Indikator BIP pro Einwohner. Bei diesem Indikator bleiben sowohl die Umweltschäden als auch die Verteilung von Einkommen und Vermögen unberücksichtigt (v. Hauff, Jörg 2017, S. 20). Daher ist die Formulierung „inklusives und nachhaltiges Wirtschaftswachstum", das auf dem BIP pro Kopf basiert, im Prinzip ein Antagonismus und mit den 3 Ks nicht kompatibel. So ist auch für die Circular Economy das BIP kein adäquater Indikator. Hierzu gibt es alternative Indikatoren wie das „*Inclusive Green Growth*" (v. Hauff 2020, S. 142). Die Circular Economy kann jedoch für die „produktive Vollbeschäftigung und menschenwürdige Arbeit" einen positiven Beitrag leisten.

Bei der Bewertung der Beziehungsintensität zwischen Circular Economy und den SDGs kommen Schroeder et al. zu der Schlussfolgerung:

> "*The strongest relationships and synergies between CE practices and SDG targets lie within SDG 6 (Clean Water and Sanitation), SDG 7 (Affordable and Clean Energy), SDG 8 (Decent Work and Economic Growth), SDG 12 (Sustainable Consumption and Production), and SDG 15 (Life on Land) having high scores both for direct and indirect contributions. SDG 1 (No Poverty) and SDG 2 (Zero Hunger) and SDG 14 (Life Below Water) are impacted by CE practices mostly indirectly.*" (Schroeder et al. 2018, S. 81)

Die Zielvorgaben von SDG 4 (qualitativ hochwertige Bildung), SDG 9 (Industrie, Innovation und Infrastruktur), SDG 10 (Abbau von Ungleichheiten), SDG 13 (Klimaschutz), SDG 16 (Frieden, Gerechtigkeit und starke Institutionen) und SDG 17 (globale Partnerschaften für nachhaltige Entwicklung) zeigen insofern einen Zusammenhang, als sie einen positiven Beitrag zur weltweiten Einführung von Circular Economy leisten können.

2.4 Exkurs: Die Bedeutung der Circular Economy für den Klimaschutz

Die Circular Economy hat auch zu anderen Bereichen, wie der Erhaltung der Biodiversität und dem Klimaschutz, eine enge Beziehung. Die folgenden Ausführungen konzentrieren sich auf die

Bedeutung der Circular Economy für den Klimaschutz Unter Expertinnen und Experten besteht heute ein breiter Konsens, dass die Circular Economy eine Schlüsselstrategie zur Erreichung der Klimaschutzziele 2030 und die Klimaneutralität 2050 ist. So sind nach dem Global Resources Outlook 2019 des International Resource Panel weltweit die Hälfte der CO_2-Emissionen direkt oder indirekt auf die Förderung von Rohstoffen und deren Verarbeitung zurückzuführen. Daher fordert Schmidt, Klimaschutz, Ressourcenschonung und Circular Economy gemeinsam zu denken (Schmidt 2021, S. 57 ff.).

Zunächst einige grundlegende Erkenntnisse: In der Studie *„The Circularity Gap Report 2021"* wurde nachgewiesen, dass – global betrachtet – die Circular Economy die bestehende Emissionslücke hinsichtlich des Klimaschutzes schließen kann. Eine Kombination aus Circular Economy und Klimaschutz kann dazu beitragen, dass das Ziel der Pariser Konferenz, bis 2032 deutlich unter 2 Grad zu bleiben, erreicht werden kann. Die globalen Zusagen der einzelnen Nationen leisten hierzu 15 %; die Circular Economy kann die weiteren 85 % dazu beitragen. Die Weltwirtschaft ist jedoch bisher nur zu 8,6 % zirkulär und weist somit einen großen *„Circularity Gap"* auf (Circle Economy 2021). Hierbei handelt es sich um globale Werte.

Es ist jedoch erforderlich, die Beziehung zwischen Circular Economy und Klimaschutz differenziert zu betrachten, um potenzielle Synergieeffekte zu stärken und um Konflikte zu erkennen und soweit wie möglich zu vermeiden.

Hierzu ein Beispiel: Der Ausbau regenerativer Energie führt zu einer Reduktion der Nachfrage nach fossilen Energieträgern, was zu einer Reduktion von Treibhausgasen führt. Die Produktion regenerativer Energieträger und die dafür erforderliche Infrastruktur erfordert – wie schon erläutert – Materialien wie kritische Metalle (z.B. Seltene Erden). Weiterhin erfordert die Circular Economy und hier besonders das Recycling große Mengen an Energie, die wiederum zu Treibhausgasen führen.

Ökologisch, aber auch ökonomisch stellt sich hier die Frage, ob die Wiedergewinnung von Materialien einen Vorteil bringt bzw. wann die Grenzen der Vorteilhaftigkeit erreicht sind. Das ist dann der Fall,

> „wenn die Dissipation von wichtigen Stoffen in der Technosphäre zu groß ist und das Einsammeln und Trennen einfach zu aufwendig werden. Je geringer die Konzentration der Stoffe im Abfall wird, desto größer wird beim Recycling der Energieaufwand und damit auch die verbundenen Treibhausgas-Emissionen." (Schmidt 2021, S. 57)

Obwohl dies in der Wissenschaft hinreichend bekannt ist, wird dieses Konfliktfeld in der Politik nicht ausreichend wahrgenommen.

Ein weiteres Konfliktfeld, das weitgehend vernachlässigt wird, begründet sich aus den internationalen Lieferketten. So werden Treibhausgase jeweils auf dem nationalen Gebiet gemessen. Auf dieser Grundlage werden Minderungspläne ausgerichtet. 2016 wurden etwa 900 Mio. t CO_2 in Äquivalent (eq) in Deutschland freigesetzt (Umweltbundesamt 2021). Bei den von Deutschland verursachten Emissionen müssen jedoch auch jene 820 Mio. t CO_2 Äquivalent hinzugerechnet werden, die von Deutschland im Rahmen von Lieferketten für die Bereitstellung von Rohstoffen und Gütern in anderen Ländern mitverursacht wurden.

Die Argumentation ist in der Regel jedoch, dass der Klimarucksack der Importgüter jenem des Exportes entspricht, was jedoch nicht der Realität entspricht: der Klimarucksack des Imports ist bei Deutschland viel größer als jener des Exports. Daher muss die gesamte Lieferkette vom Bergwerk bis zur Entsorgung oder dem Recycling berücksichtigt werden. Entsprechend kann die Klimawirkung der Circular Economy nur im globalen Kontext umfassend beurteilt werden, d.h. die globale Dimension muss mitberücksichtigt werden (Schmidt et al. 2021).

Gleichzeitig kann festgestellt werden, dass eine wirkungsvolle Circular Economy zu einem Rückgang der Importe von Rohstoffen führt und damit dem Klimaschutz dient. Welchen Beitrag die Circular Economy für den Klimaschutz heute schon leistet und welche Potenziale noch bestehen, lässt sich am Beispiel der Studie „*Klimaschutz durch Kreislaufwirtschaft in Rheinland-Pfalz*" exemplarisch aufzeigen. Dabei wurden sieben Bereiche analysiert: Elektro- und Elektronik-Altgeräte, Kunststoffabfälle, Restabfälle, Bau- und Abbruchabfälle, Deponien und EffCheck (Steigerung der Material- und Energieeffizienz). Klimarelevante Emissionen konnten in den genannten Bereichen pro Jahr insgesamt wie folgt vermieden werden (Landesamt für Umwelt Rheinland-Pfalz 2022, A. 11):

- Energieauskopplung (Strom/Wärme/Prozessdampf) ca. 274.000 t CO_2-eq,
- Erfassung von klimarelevanten Gasen ca. 216.000 t CO_2-eq,
- Verwendung von Sekundärrohstoffen ca. 187.000 t CO_2-eq,
- Ressourceneinsparung durch EffChecks ca. 46.000 t CO_2-eq.

Die Komplexität der Messung bzw. Bewertung lässt sich besonders gut an dem Beispiel Elektro-Altgeräte aufzeigen. Die Ausgangssituation lässt sich durch einen zunehmenden Einsatz von elektrischen und elektronischen Geräten und eine abnehmende Nutzungsdauer der Geräte kennzeichnen. In Deutschland wurden 2018 insgesamt 850.000 Tonnen Elektro- und Elektronikgeräte über offizielle Sammel- und Entsorgungssysteme erfasst. Etwa 50 % werden jedoch nicht ordnungsgemäß gesammelt und verwertet. Daraus begründet sich ein hoher Verlust an Materialien wie Metallen und Kunststoffen, die in diesen Geräten enthalten sind und zu Sekundärrohstoffen wiedergewonnen werden könnten.

Hinzu kommt, dass gegenwärtig etwa 25 % der Altgeräte noch FCKW-haltige Kältemittel enthalten, was in hohem Maße klimaschädlich ist. Die Rückhaltung der Kühl- und Treibmittel hat 2020 zur Vermeidung der Freisetzung von etwa 96.000 bis 121.000 Tonnen CO_2-eq beigetragen. Einerseits kann man also feststellen, dass die ordnungsgemäße Entsorgung von Kühlgeräten 2020 zur CO_2-Einsparung von etwa 23.000 bis 29.000 Tonnen CO_2-eq beigetragen hat. Auch wenn die Belastung durch nicht ordnungsgemäß entsorgte FCKW-Geräte in den nächsten Jahren zurück geht, ist andererseits im Bereich Elektro-Altgeräte noch ein großes Potenzial an CO_2-Einsparung möglich.

Wichtige Bereiche der Circular Economy sind die Wieder- und Weiterverwendung, d.h. die Nutzung von Gebrauchtgeräten, aber auch die Nutzungszeiten von Elektrogeräten mit einzuschließen. Auch in diesem Zusammenhang gibt es ein relativ großes Potenzial für den Klimaschutz.

So wurde beispielsweise nachgewiesen, dass kürzer genutzte Waschmaschinen eine höhere Energieeffizienz aufweisen als länger genutzte Geräte, da neue Geräte in der Regel eine höhere Energieeffizienz haben. Dennoch weisen die kürzer genutzten Geräte negativere Umweltwerte auf. Die ökologische Höherbelastung von Neugeräten begründet sich primär aus der Herstellung, indem der Herstellungsprozess etwa den dreifachen CO_2-Ausstoß verursacht. Anders verhält es sich z.b. bei Gefrierschränken, die sehr energieintensiv sind. Schlussfolgerung: in den meisten Fällen ist die Nutzung eines Gerätes bis zum Ende der technischen Lebensdauer ökologisch vorteilhafter.

Eine gesetzliche Regelung für eine längere Nutzungsdauer und eine kostengünstige Reparaturfähigkeit würde also den positiven Klimaeffekt fördern. Ein wesentlicher Beitrag zum Klimaschutz ist jedoch die Steigerung der Sammelmengen bzw. die Vermeidung der illegalen Entsorgung. Hierzu zählen besonders die illegal ins Ausland gebrachten Geräte bzw. die Reduktion auf den Ausbau der kupferhaltigen Teile.

Die Ausschöpfung des Klimaschutzes durch die Circular Economy erfordert eine konsistente Strategie, bei der alle Potenziale aufgezeigt und die Konflikte vermieden werden. So hilfreich regionale Studien sind, um die noch nicht genutzten Potenziale aufzudecken, bleibt festzustellen, dass die Klimawirkung der Circular Economy nur im globalen Kontext sinnvoll beurteilt werden kann. Die Begründung ist – wie schon erwähnt –, dass die Treibhausgase, für die wir in Deutschland verantwortlich sind, die globale Dimension stets mitberücksichtigen muss.

3 Theoretische und konzeptionelle Grundlagen der Circular Economy

Die Circular Economy ist ein Wirtschaftsmodell, das von jenem der *„Linearwirtschaft bzw. Wegwerfwirtschaft"* abzugrenzen ist. Noch ist jedoch die Linearwirtschaft das vorherrschende Wirtschaftsmodell der industriellen Produktion und des Konsums besonders in Industrie-, aber auch zunehmend in Schwellenländern: ein Großteil der Rohstoffe werden nach der Nutzung der Produkte deponiert, verbrannt und nur ein Teil wird – je nach Sektor unterschiedlich – in der Regel durch Recycling im Rahmen von Kreisläufen einer Wiederverwertung zugeführt.

Das global dominierende Wirtschaftsmodell der Linearwirtschaft zeichnet sich also dadurch aus, dass Rohstoffe gefördert, aufbereitet und zu Produkten verarbeitet werden. Die Produkte werden über den Markt verteilt, von den Menschen genutzt bzw. konsumiert und schließlich entsorgt. Die Kurzform der Linearwirtschaft ist definiert als: *Produktion – Konsum – Entsorgung*. Daher kommen Fröhling et al. zu der Schlussfolgerung:

> *„A circular economy cannot be achieved by market forces alone, particularly when the market framework does not fully internalise external costs. Hence the necessary change here requires comprehensive policy frameworks that make use of the power of the market economy, but with revised rules."* (Fröhling et al. 2022)

Im Rahmen einer Evaluierung des Europäischen Parlaments im Jahr 2016 wurde im Hinblick auf den *„European Green Deal"* festgestellt, dass jährlich 2,5 Milliarden Tonnen Abfall entstehen. Er teilt sich auf verschiedene Bereiche wie folgt auf:

0,8 %   aus der Land- und Forstwirtschaft

8,5 %   aus privaten Haushalten

10,3 %   durch die Herstellung von Gütern

25,3 %   aus dem Bergbau und dem Abbau von Steinen und Erden

36,4 % aus dem Baugewerbe

18,7 % Sonstiges

3.1 Von der Ökoeffektivität zur Circular Economy

Die Ökoeffektivität ist theoretisch die Grundlage der Circular Economy. Hiervon ist die sehr viel populärere Ökoeffizienz abzugrenzen:

> "While products or services get more sustainable, the overall consumption and the associated production get less sustainable in terms of total impact on the environment. The question whether a product or a certain way of obtaining a service will ever be sustainable, meaning possible to sustain in the long run without undermining itself, is not addressed. ... The question should not be just whether product A is more ecoefficient than product B but also whether any of the products is ecoeffective in the sense of fulfilling needs in a manner that is in accordance with the overall conditions that must be met by a sustainable society." (Hauschild 2015, S. 4).

Die Ökoeffizienz basiert also auf dem Modell der Liniearwirtschaft, indem Rohstoffe aus der Umwelt gewonnen, in Produkte umgewandelt und schließlich recyclet oder entsorgt werden. Dagegen zielt die Ökoeffektivität auf zirkuläre Materialflüsse ab. Idealtypisch zielt sie auf immer wiederkehrende Kreisläufe ab, wonach die Materialien ihren Status als Ressourcen erhalten.

Dabei wird in Technosphäre, die vom Menschen erschaffen wird. und in Biosphäre unterschieden. Daraus begründen bzw. untergliedern sich die technischen und biologischen Kreisläufe. Entsprechend dem Ökoeffektivitätsparadigma kommt der Ökoeffektivität gegenüber der Ökoeffizienz eine vorrangige Bedeutung zu, da sie eine strategische Ausrichtung aufweist und nicht allein auf eine Verringerung von Ressourcen ausgerichtet ist (Westkamp 2018, S. 26).

Eine grundsätzliche Zielsetzung sollte sein, dass das Design bzw. die stoffliche Zusammensetzung von Produkten so konzipiert wird, dass keine Abfälle und schädlichen Stoffe entstehen oder zurückbleiben. Eine Wirtschaft ist demnach ökologisch nur dann konsistent, wenn Produktionsprozesse von Unternehmen zu keinen Konflikten mit dem biologischen Kreislauf führen. Zunächst werden, wie in der folgenden Abbildung gezeigt wird, der technologische Kreislauf und der biologische Kreislauf isoliert betrachtet.

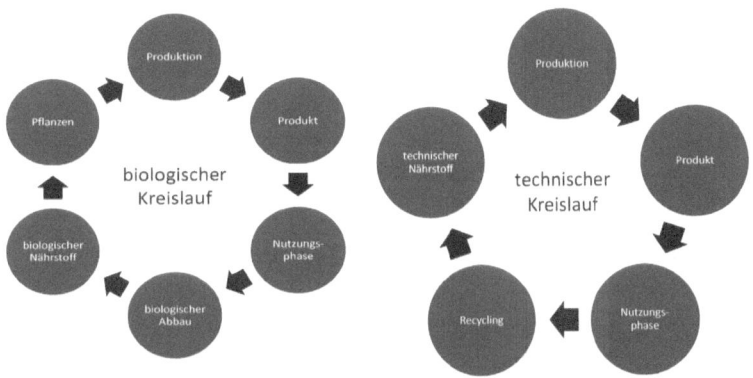

Quelle: In Anlehnung an Cradle to Cradle NGO, 2020
Abb. 6: Technischer und biologischer Kreislauf des C2C-Konzepts

Die einzelnen Phasen der beiden Kreisläufe sind zumindest zu Beginn identisch. Sie beginnen mit der Produktion, führen zum Produkt und zur Nutzungsphase. Danach unterscheiden sich jedoch die Phasen der beiden Kreisläufe. In dem biologischen Kreislauf folgt die Phase des biologischen Abbaus, was in die Phase des biologischen Nährstoffs übergeht und schließlich zu neuen Pflanzen führt. Dagegen folgt bei dem technischen Kreislauf nach der Phase der Nutzung die Phase des Recyclings.

Dabei zirkulieren Güter, die nicht der Natur als Nährstoffe zurückgeführt werden können, im geschlossenen technischen Kreislauf. Hierbei geht es beispielsweise um recycelte Metalle, die wieder in den Kreislauf für die Produktion neuer Güter zurückgeführt werden. Die ökologische Modernisierung setzt Innovationen voraus, durch die Materialflüsse der Industrie mit der Natur zur Verträglichkeit geführt werden. Hier besteht eine enge Verbindung zum Prinzip der Konsistenz (Huber 2014, S. 55). Bei dem Prinzip der

Konsistenz geht es ebenfalls um die Forderung, dass die Stoff- und Energieströme aus menschlichen Aktivitäten mit den Strömen natürlicher Herkunft, d.h. der Ökosysteme, verträglich sein müssen. Insofern zielen die Ökoeffektivität und das Prinzip der Konsistenz auf einen ökologischen Transformationsprozess ab.

Die Ökoeffektivität zeichnet sich durch zirkuläre Materialflüsse aus. Produkte können dann als ökoeffektiv bezeichnet werden, wenn sie als biologische Nährstoffe in biologische Kreisläufe zurückgeführt oder als technische Nährstoffe kontinuierlich in technische Kreisläufe wieder eingebracht werden können. Das gilt jedoch nicht nur für einzelne Produkte, sondern gilt im Prinzip für die gesamtwirtschaftliche Produktion. Hierzu stellt Schrack fest:

„Will man die natürliche Umwelt dauerhaft in all ihren Funktionen nutzen – und nicht übernutzen –, ist es geboten, sich von der Stoffdurchflusswirtschaft zu verabschieden und diese durch den Aufbau einer technosphärischen, mit der natürlichen Umwelt im Einklang stehenden Stoffkreislaufwirtschaft zu ersetzen." (Schrack 2016, S. 84)

Im Gegensatz zur Ökoeffizienz, die eine relative Verbesserung der Ressourcennutzung anstrebt (bottom-up approach), geht es bei der Ökoeffektivität um eine absolute Verbesserung (top-down approach). Dies setzt einen gesamtwirtschaftlichen Transformationsprozess voraus, der zu einem neuen Wirtschaftsmodell führt. Damit knüpft Hauschild an das Planetary Boundary Concept von Rockström et al. an. Die Relevanz begründet er wie folgt:

"The Planetary Boundary methodology may help us define thresholds not to be exceeded in order to ensure a sustainable level of impact – now and in the future. Such thresholds delimit a 'safe operating space' for pollution and resource use within which we need to stay with the total man-made activities, and hence define a yardstick that we can use to judge our activities and the technologies and products that we use to perform them." (Hauschild 2015, S. 4)

Um sicherzustellen, so seine Schlussfolgerung, dass die Industrie ihren notwendigen Beitrag im Rahmen der absoluten Grenzen der

Nachhaltigkeit leistet, muss die industrielle Entwicklung neben dem bisher dominierenden Bezug auf die Ökoeffizienz den Fokus zunehmend auf die Ökoeffektivität setzen. In diesem Kontext ist es wichtig, *"that we have the challenge of identifying what are the right things to do and then we must do them right."*

In jüngerer Vergangenheit wurde wahrgenommen, dass die Ökoeffektivität auch soziale Aspekte aufweist. So stellen Moreau et al. fest, dass Institutionen in einer Kreislaufwirtschaft für die gerechte Zuordnung externer Kosten, die durch Umweltbeeinträchtigungen entstehen, eine große Bedeutung haben. Somit kann festgestellt werden, dass die Ökoeffektivität im Prinzip auf den drei Dimensionen nachhaltiger Entwicklung basiert.

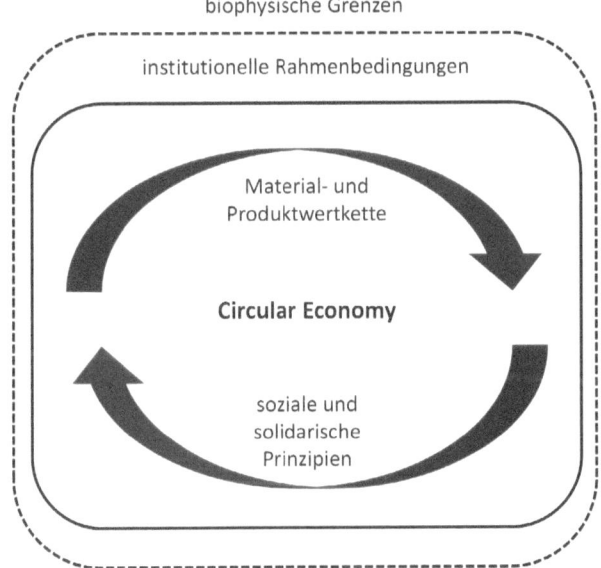

Quelle: In Anlehnung an Moreau et al. 2017, S. 503
Abb. 7: Das Zusammenwirken des institutionellen Rahmens und der Sozial- und Solidaritatsprinzipien

Moreau et al. geben hierfür folgende Begründung: anstatt Teile des sprichwörtlichen Kuchens zu verteilen, würde eine solidarische Wirtschaft darauf abzielen, den Kuchen als gemeinsame Ressource zu betrachten und gesellschaftliche Bedürfnisse mit Blick auf heutige und künftige Generationen zu befriedigen. Der vielleicht wichtigste Beitrag der sozialen und solidarischen Wirtschaft ist die Gerechtigkeit. Die Entwicklung institutioneller Bedingungen könnte zur Unterstützung solidarischerer Produktions- und Verbrauchssysteme, d.h. zu ressourceneffizienteren Aktivitäten führen. Die soziale und solidarische Wirtschaft könnte daher in der Praxis dazu beitragen, wie institutionelle Perspektiven zu robusteren kreislaufwirtschaftlichen Strategien zur Erreichung gesellschaftlicher und ökologischer Ziele führen können.

Der Bezug zur sozialen Dimension wird auch von Korhonen et al. bestätigt, die ebenfalls feststellen, dass für eine erfolgreiche Kreislaufwirtschaft alle drei Dimensionen nachhaltiger Entwicklung mit einbezogen werden müssen. Sie begründen es am Beispiel einer Sharing Economy (Korhonen et al. 2018, S. 39 ff.):

"The 'sharing economy' may bring significant efficiency improvements in how people live or, for example, organize their travel accommodation (renting apartments vs. hotel rooms) and how people travel (owning a vehicle vs. sharing its use). The idea is to involve as much as it is possible of the existing material capacity in economic systems into efficient use. This is interesting. It is common knowledge in Finland, for example, that the average use rate of cars is less than 10 %. How would a credible business leader of any company justify the purchase of machinery the use rate of which will be less than 10 %?"

Dabei gilt zu berücksichtigen, dass in der Realität zwischen den drei Dimensionen Konflikte auftreten können. In einer solchen Situation ist die Festlegung von Prioritäten notwendig, die eine Begründung der Präferenz erfordert. Barbiroli definiert die Ökoeffektivität durch folgende Verlustgleichung (Barbiroli 2006):

$$P = 1/2\,(v-v*)^2 + 1/2(u-u*)^2$$

Er definiert die Ökoeffektivität *(P)* als Abweichung von einem theoretisch idealen Staat zu dem in der Realität existierenden Staat. Weiterhin vergleicht er die Materialproduktivität *(u)* und den Einsatz von erneuerbaren Energien *(v)*. Die Werte des idealen Staates sind mit einem * versehen. Er stellt ferner fest, dass die Formel um weitere Ressourcen erweitert werden kann. Mit Hilfe des Faktors kann eine Gewichtung der einzelnen Ressourcen erfolgen. Dadurch kann eine Quantifizierung der Ökoeffektivität vorgenommen werden, wodurch eine objektive Vergleichbarkeit zwischen verschiedenen Akteuren gewährleistet ist (Barbiroli 2006, S. 392). Aus den Grundlagen der Ökoeffektivität lässt sich nun das Konzept der Circular Economy ableiten.

3.2 Das Konzept der Circular Economy

Das Konzept der Circular Economy geht auf den Wirtschaftswissenschaftler David W. Pearce zurück. Dabei weist die Circular Economy historisch gesehen Vorläufer auf (Reike et al. 2017). Einige Autoren stellen beispielsweise fest, dass die Circular Economy bis zu Quesnays „Tableau Economique" (1758) zurückverfolgt werden kann (Murray et al., 2017). In dem von dem Physiokraten François Quesnay verfassten Aufsatz setzt er sich erstmals im Rahmen der Volkswirtschaftslehre mit der Darstellung des Wirtschaftskreislaufs auseinander. Er befasste sich dabei mit der Agrarproduktion, wie sie sich unter bestimmten Prämissen in einem Kreislaufmodell darstellten lässt.

Er überreichte das *Tableau économique* im Dezember 1758 König Ludwig dem XV, dessen Leibarzt er war. Er übergab es zusammen mit den Grundsätzen der *„Wirtschaftspolitik für ein Agrarkönigreich"* und entsprechenden Anmerkungen zu diesen Grundsätzen. Dabei ging er von einem Agrarstaat aus, in dem die Herstellung von Agrarprodukten den Wirtschaftsprozess beherrscht. Interessant hierbei ist, dass er sein Modell eines Wirtschaftskreislaufs von dem Blutkreislauf ableitete. Die ersten Beispiele zur Schließung von Materialkreisläufen gehen auf die Arbeit von Peter Simmonds *„Utilisation of Waste"* aus dem Jahr 1863 zurück.

Mit der industriellen Revolution entstanden jedoch neue Dimensionen der Produktdiversifizierung und der Materialverwendung. In diesem Zusammenhang ist von Bedeutung, dass sich die Weltwirtschaft seit den 1950er Jahren wesentlich beschleunigt hat. Gleichzeitig wurde die Abfallbewirtschaftung immer aufwändiger, und daher wurden auch Regelungen der Abfallbeseitigung zunehmend wichtiger. Dabei ging es primär um die Kontrolle und Eindämmung der Umweltverschmutzung. Es fehlten jedoch noch weitgehend integrative Abfallbewirtschaftungskonzepte.

Am Ende dieser Phase kam es zu ersten Warnungen vor der Erschöpfung der Ressourcen und den Grenzen des Wachstums. Die Veröffentlichung des Club of Rome (1972) ist entscheidend für den Übergang zur nächsten Phase. Ab dem Jahr 2010 fand die Stärkung des Werterhalts durch die wachsende Ressourcenknappheit mehr Beachtung. Daraus begründen Reike et al. eine zunehmende Neuorientierung (2017, S. 4):

"While the rhetoric still stresses economic gains, ultimate threats to survival of the human race in the light of seemingly insurmountable sustainability challenges are linked to population growth and renewed attention for resource depletion and retaining the value of resources. There is fear that we cannot consume endlessly and that other nations should not catch up with the Western level of exploiting nature – at least not through the same growth path and with similar rebound effects."

Heute besteht ein breiter Konsens, dass das Modell der Circular Economy auf folgenden Prinzipien basiert: (Fraunhofer Umsicht 2017, S. 23)

Prinzipien einer Circular Economy

- Verringerung des Ressourcenbedarfs durch Kreislaufführung von Rohstoffen;
- lange Nutzungsdauer von Produkten und ihre schnelle Rückführung in den Kreislauf am Ende der Nutzung;
- möglichst effiziente Verwertung durch mehrstufige Wieder- und Weiterverwendung, werkstoffliches und rohstoffliches Recycling; Gestaltung von Produkten, die ihre Kreislaufführung bei minimalen Verlusten in Bezug auf Menge, Wert und Qualität ermöglicht;

- Vermeidung von Kreislaufverlusten sowie eine energetische Verwertung oder ausreichend gute Abbaubarkeit von Stoffen, bei denen sich Kreislaufverluste nicht vermeiden lassen;
- Vermeidung einer Anreicherung von Inhaltsstoffen, die zu späteren Zeitpunkten als Schadstoff oder auf die Kreislaufführung erschwerend wirken;
- Minimierung des Energieeinsatzes zur Aufrechterhaltung des Kreislaufsystems und seiner Teilbereiche bei gleichzeitiger Verwendung erneuerbarer Ressourcen (bei Biomasse: nachhaltige Erzeugung);
- Anwendbarkeit des Konzepts auf Regionen, Branchen, Unternehmen und Produkte gleichermaßen.

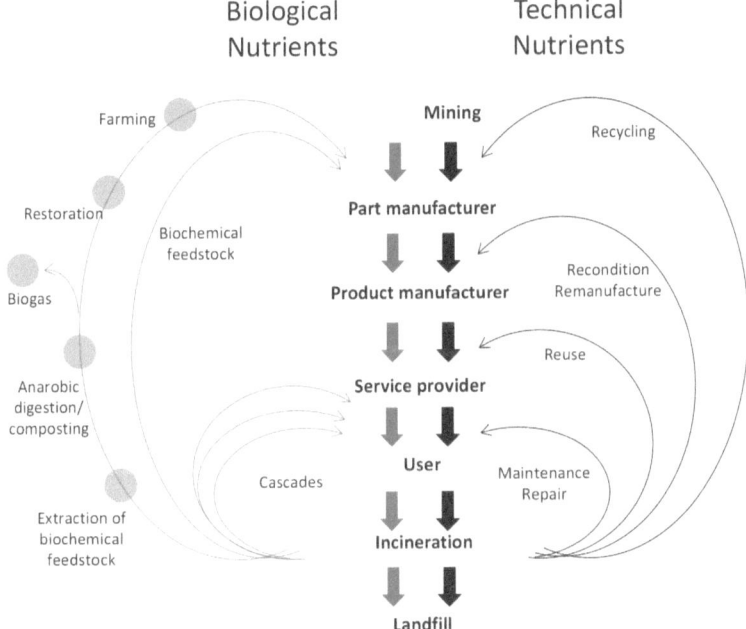

Quelle: In Anlehnung an EMF 2021
Abb. 8: Das Butterfly-Diagramm

2013 haben sich namhafte Vertreter der Circular Economy gemeinsam auf eine graphische Darstellung verständigt. Dabei entstand das Butterfly-Diagramm, das eine breite Anerkennung erfahren hat. Darin wird die Komplexität der Prozesse der Circular Economy abgebildet. Das Schaubild führt die beiden zunächst getrennten Kreisläufe, d.h. die biologischen und technischen Kreisläufe, zusammen. In den biologischen Kreisläufen auf der linken Seite werden Lebensmittel und biologische Produkte/Materialien durch Prozesse der Kompostierung und anaerobe Verarbeitung nach einem oder mehrfachen Verwendungszyklus in das System zurückgeführt (Jaeger-Erben et al. 2019. S. 20). Im Rahmen des biologischen Kreislaufs spricht man auch von Kaskaden.

Da Metalle, Kunststoffe und synthetische Chemikalien nicht durch biologische Prozesse abgebaut werden können, müssen sie im Rahmen von Wiederverwendung, Reparatur, Wiederaufbereitung und Recycling technische Stoffkreisläufe durchlaufen (vgl. 4 R), um ihren Wert zu erhalten. Eine Besonderheit des Diagramms ist die Unterscheidung zwischen Verbraucher (Consumer) und Benutzer (User). Biologische Materialien werden durch die einmalige Nutzung verbraucht. Dagegen werden technische Materialien wiederverwendet. Daraus leitet sich die Frage nach dem Produktbesitz ab, was den Unterschied zwischen linearer und zirkulärer Wirtschaft verdeutlicht.

Als wichtigste Herausforderung bzw. Zielsetzung der Circular Economy wird in der Literatur vielfach die Entkopplung von Wachstum vom Ressourcenverbrauch genannt (Weber et al. 2019). Der Entkopplungsprozess kann grundsätzlich durch technischen Fortschritt, durch Substitution und/oder eine Veränderung der Nachfrage gefördert werden. Hierbei wird jedoch zwischen relativer und absoluter Entkopplung unterschieden.

Eine relative Entkopplung ist dadurch gekennzeichnet, dass das Wachstum (BIP) in Form z.B. von Energie-, Ressourcen- und Flächenverbrauch weiterwächst, aber der Naturverbrauch langsamer wächst als das Bruttoinlandsprodukt. Für Deutschland und andere Industrieländer kann für einige Bereiche wie den Energieverbrauch, aber auch die CO_2-Emissionen eine relative Entkopplung festgestellt werden. Das reicht jedoch nicht aus, um z.B. den Klimawandel aufzuhalten.

Die absolute Entkopplung zielt darauf ab, dass das Wirtschaftswachstum wächst, während der Energie- und Ressourcenverbrauch in absoluten Zahlen zurückgeht. Im Kontext nachhaltiger Entwicklung muss daher die absolute Entkopplung angestrebt werden. Dabei ist der Zeitraum, in dem die absolute Entkopplung angestrebt wird, von zentraler Bedeutung. Begründung: In vielen Bereichen der Biosphäre wie der Biodiversität, des Klimawandels, aber auch beim Fischfang hat die Belastung bereits einen kritischen Punkt überschritten.

Dabei gilt jedoch zu berücksichtigen, dass bestimmte Ereignisse absoluter Entkopplung auch nicht ausreichen. Steigt das BIP jährlich um 2 % und sinkt der CO_2-Ausstoß jährlich ebenfalls um 2 % pro Jahr, kann man von einer absoluten Entkopplung sprechen. Sie würde im Verhältnis zu den letzten Jahrzehnten eine große Verbesserung darstellen. Sie reicht jedoch für die erforderliche Verringerung des Klimawandels nicht aus, um die dramatischen Folgen zu vermeiden (Santarius 2015, S. 81 ff.). Eine vergleichbare Situation gilt für den Verbrauch bestimmter Seltener Erden, wie bereits im Abschnitt 2.2 aufgezeigt wurde.

So hat der Wissenschaftliche Beirat der Bundesregierung Globale Umweltveränderungen (WBGU) bereits 2011 in einem Gutachten festgestellt, dass eine *"hinreichend starke"* absolute Entkopplung notwendig ist. So müssten beispielsweise aus Gründen des Klimaschutzes die Emissionen bis Mitte dieses Jahrhunderts um 80 bis 90 % zurückgehen (WBGU 2011). Einerseits wird die absolute Entkopplung im Verhältnis zur relativen Entkopplung positiv bewertet. Andererseits reicht sie, wie dargestellt wurde, unter Berücksichtigung des bisherigen Naturverbrauchs und der Dringlichkeit der Gegensteuerung in vielen Bereichen nicht aus. Hinzu kommen Hemmnisse, die zur Einschränkung der Wirkung der absoluten Entkopplung führen. Sie werden in Kapitel 7 erläutert. Der Beitrag der absoluten Entkopplung durch die Circular Economy ist entsprechend dem Stand des technischen Fortschritts zu optimieren. Dabei ist die Weiterentwicklung von Technologien und zirkulären Produkt-Designs, die von der Bevölkerung akzeptiert werden müssen, von großer Bedeutung.

Die Entkopplung des Wirtschaftswachstums vom Ressourcenverbrauch kann zu vielfältigen ökonomischen, aber auch ökologischen Vorteilen führen. So ist beispielsweise der weltweite Markt für Circular Economy und Material- und Ressourceneffizienz in den vergangenen fünf Jahren um über 10 % gestiegen und ist daher dynamischer gewachsen als der gesamte Weltmarkt. Das hat zu großen Kosteneinsparungen bei Unternehmen geführt. Der Aktionsplan für eine Circular Economy, den die EU 2015 verabschiedet hat, weist ebenfalls auf die wirtschaftlichen Chancen hin:

> *„Die für die Kreislaufwirtschaft relevanten Sektoren beschäftigen in der EU 2016 über 4 Millionen Arbeitnehmer. Kreislaufaktivitäten wie Reparaturen, Wiederverwendung und Recycling haben im selben Jahr eine Wertschöpfung von etwa 147 Mrd. Euro erzielt und Investitionen von rund 17,5 Milliarden Euro ausgelöst."* (Känzig 2019, S. 38)

Tendenziell kann festgestellt werden: Je stärker die absolute Entkopplung, umso höher die Kosteneinsparungen der davon betroffenen Unternehmen. Das wirkt sich auch positiv auf ihre Wettbewerbsfähigkeit aus und senkt den Import bzw. die Abhängigkeit von Primärrohstoffen. Weiterhin ist festzustellen, dass dadurch der Einsatz von ungefährlichen Materialien den Unternehmen ermöglicht, ein gesichertes und gesundes Produktangebot, welches das Produkthaftungsrisiko und Kosten für Arbeitsschutzmaßnahmen mindert, anzubieten.

Die Reduzierung des Energie- und Ressourceneinsatzes führt jedoch wirtschaftlich gesehen auch zu gegenteiligen Effekten. Die Verringerung der Nachfrage nach Energie und Material wirkt sich ceteris paribus gesamtwirtschaftlich negativ auf das Wirtschaftswachstum aus. Dagegen wirkt sich die Nachfrage nach neuen, innovativen Produkten auf die gesamtwirtschaftliche Nachfrage und damit auch auf das Wachstum positiv aus. (v. Hauff 2021, S. 138) Es stellt sich daher die Frage, ob sich dieser Effekt kompensierend oder gar überkompensierend auf den ersten Effekt auswirkt.

Horbach und Rammer stellen zu den Beschäftigungseffekten von Circular-Economy-Innovationen fest, dass sie aus theoretischer Sicht nicht eindeutig geklärt sind. So können prozessorientierte

CE-Innovationen dann zu negativen Effekten führen, wenn die Realisierung dieser Innovationen mit einer höheren Arbeitsproduktivität einhergehen, die dann zu einem niedrigeren Beschäftigungsniveau führen.

Die Begründung für eine steigende Arbeitsproduktivität erklärt sich daraus, dass CE-Prozessinnovationen oft zu einer Neugestaltung des gesamten Produktionsprozesses, d.h. von der Materialauswahl bis zum endgültigen Design der Produkte, führen. CE-Innovationen können auch zu positiven Beschäftigungseffekten führen, wenn es zu einer erhöhten Produktnachfrage und zu zusätzlichen Investitionen durch die Einführung von Circular-Economy-Maßnahmen kommt. Dies erfordert oft spezialisierte bzw. hochqualifizierte Mitarbeiter. Im Rahmen einer empirischen Untersuchung konnte gezeigt werden, dass Unternehmen, die in den Jahren von 2012 bis 2016 CE-Innovationen einführten, im Verhältnis zu anderen Unternehmen eine deutlich bessere Umsatz- und Beschäftigungsentwicklung aufweisen konnten (Horbach, Rammer 2019, S. 4 ff.).

Ökologische Vorteile treten ein, wenn es zu einer Reduzierung von Abfällen und Umweltverschmutzung kommt, die dann auch zu einer Verringerung von CO_2-Emissionen führen. Realisiert man, dass gegenwärtig die Produktion von Gütern und Dienstleistungen des täglichen Bedarfs für 45 % der CO_2-Emissionen verantwortlich sind, wird das Potenzial der Circular Economy in diesem Kontext deutlich (EP 2021).

Die Umsetzung der Circular Economy könnte in den vier Schlüsselindustrien Zement, Stahl, Plastik und Aluminium zu einem Rückgang der CO_2-Emissionen von 40 % führen. Neben vielen weiteren Beispielen könnte die EU-weite Schließung von Mülldeponien auf der Grundlage höherer Recyclingziele zu einer jährlichen Verringerung der Treibhausgasemissionen in dem Zeitraum zwischen 2014 und 2030 von etwa 440 Millionen Tonnen führen. (Brüggemann 2019, S. 3) Vergleicht man das Recycling im Verhältnis zur Primärproduktion von Aluminium, wären 90 bis 97 % der Emissionen einzusparen (Umweltbundesamt 2020, S. 6).

Ein großer Vorteil im Rahmen der sozialen Dimension ist die Steigerung des Wohlbefindens der Menschen. Dabei geht es besonders um den Erhalt bzw. die Stärkung der Natur ganz allgemein und im Besonderen um die Verringerung des Klimawandels und den Abbau der Biodiversität, die zu einer Förderung der Gesundheit beitragen. Die Circular Economy führt weiterhin zu höheren Einkommen. So hat die EMF berechnet, dass die Circular Economy das verfügbare Einkommen eines durchschnittlichen europäischen Haushalts bis 2030 um 3000 Euro erhöhen könnte (EMF 2015).

Die Kosten für langlebige und innovative Produkte würden sinken, wovon die Verbraucher profitieren würden. Daraus ergibt sich die Schlussfolgerung:

"The transformation to a circular economy is not only one of the most challenging tasks for the society in terms of content. It is also one of the most comprehensive multistakeholder processes when it comes to the number of stakeholders involved and to be involved." (Wilderer, Wimmer 2022, S. 50)

3.3 Messung der Circular Economy

Die Messung einer Circular Economy basiert auf den relevanten Anforderungen an die Circular Economy. Folgende Anforderungen sind zu nennen: die Zuverlässigkeit, die Gültigkeit und/oder der Nutzen der Metrik[1] (Corona et al. 2019, S. 7). Um die Sichtbarkeit des Erfolges aufzeigen zu können, sind in einem folgenden Schritt Ziele zu formulieren und vorzugeben, denen entsprechende Indikatoren zugeordnet werden.

2018 hat die Europäische Union das EU-Monitoring-Framework mit 10 Indikatoren für die Bereiche Produktion und Verbrauch, Abfallwirtschaft, Sekundäre Rohstoffe, Wettbewerbsfähigkeit und Innovationen vorgelegt. Das Europäische Parlament hat diesen Rahmen von Indikatoren jedoch wegen eines zu starken Fokusses auf

---

[1] In der Ökonomie versteht man unter einer Metrik eine Methode zur Planung, Steuerung und Kontrolle von Strategien.

Recycling als unzureichend kritisiert, um die Transformation fundiert zu bewerten (Weber et al. 2019, S. 31). Bisher gibt es für die Messung der Zirkularität von Stoffströmen in Deutschland nur wenige Indikatoren, die vom Statistischen Bundesamt retrospektiv erfasst werden.

Gesamtrohstoffproduktivität: Der Indikator Gesamtrohstoffproduktivität nach der Definition des Statistischen Bundesamts setzt den Wert aller an die letzte Verwendung abgegebenen Güter (in Euro preisbereinigt) in Relation zur Menge der für ihre Produktion im In- und Ausland eingesetzten Rohstoffe (in Tonnen). Die letzte Verwendung umfasst sowohl inländische Kunden und inländische Investitionen als auch den Export. Das Ziel der Gesamtrohstoffproduktivität weist entsprechend der Deutschen Nachhaltigkeitsstrategie eine durchschnittliche Wachstumsrate pro Jahr von etwa 1,6 % bis zum Jahr 2030 auf. Für Deutschland ist festzustellen, dass es bei dem Ressourcenverbrauch bisher nur zu einer relativen Entkopplung vom Wirtschaftswachstum kam.

Rohstoffkonsum / Primärrohstoffnutzung pro Kopf: Der Indikator „Rohstoffkonsum" setzt sich aus der inländischen Rohstoffentnahme und den Importen abzüglich der Rohstoffe, die für die Herstellung exportierter Güter verwendet werden, zusammen. Die Primärrohstoffnutzung pro Kopf ist zwischen 2000 und 2016 um 24 % gesunken. Seit 2009 verzeichnet sie jedoch keinen einheitlichen Trend.

Im Jahr 2017 hatte Deutschland pro Kopf einen Rohstoffverbrauch von 22,8 Tonnen, der im internationalen Vergleich mit 12,2 Tonnen fast doppel so hoch war und im europäischen Vergleich um 10 % höher lag. Das „Rohstoffeffizienzprogramm III (ProGress)" zielt auf eine Verringerung ab. Bisher haben jedoch weder die deutsche noch die europäische Politik ein konkretes quantitatives Ziel für den Rohstoffkonsum vorgegeben.

Abfallaufkommen: Die statistische Erhebung des Abfalls wird jährlich in Form von Bilanzen aufbereitet. Dabei geht es um das Aufkommen, die Verwertung und Beseitigung von Abfällen. Der Abfall wird in Deutschland nach Bau- und Abbruch-, Gewerbe-, Siedlungs- und Bergbauabfällen differenziert, wobei sich das Aufkommen in den einzelnen Kategorien sehr unterschiedlich entwickelt hat. So wurde bei den Bau- und Abbruchabfällen ein großer Anteil wiederverwertet. Dagegen stiegen die haushaltstypischen Siedlungsabfälle von 2000 bis 2019 von 37,6 auf 45,1 Mio. Tonnen deutlich an.

Im Jahr 2018 erreichte Deutschland bei der Berechnung des gesamten Abfallaufkommens seit Beginn der Datenerfassung des Statistischen Bundesamtes im Jahr 2006 den höchsten Zuwachs (DESTATIS 2020). Grundsätzlich kann festgestellt werden, dass die reicheren Länder mehr Abfall pro Person produzieren als ärmere Länder. Dabei wird die Abfallmenge am Ende des Produktionslebenszyklus gemessen. Für die Ursachenanalyse wäre es jedoch aussagefähiger, am Anfang der Wertschöpfungskette zu beginnen und Indikatoren für Designs und Produktion aufzustellen.

Das Bundesministerium für Umwelt, Naturschutz und nukleare Sicherheit (BMU) und das Umweltbundesamt (UBA) haben aus diesem Grund das Ecodesign-Kit entwickelt. Danach müssen

„Produkte von Beginn an auf qualitativ hochwertige Folgenutzung ausgelegt sein und es muss sichergestellt sein, dass keine toxikologischen Wirkungen in der Herstellung, Anwendung und künftigen Nutzungsszenarien zu erwarten sind." (Weber et al. 2019, S. 31)

Ein Indikator wäre der auf Unternehmensebene entwickelte *„Material Circularity Indicator."* (EMFa 2021) Für die volkswirtschaftliche Ebene wurde der Indikator *„Ecolabel Holder"* entwickelt, mit dem der prozentuale Anteil von ökozentrierten Unternehmen abgebildet werden kann (Breitkopf 2020).

Recyclingquote: Es geht um den Prozess der Wiederaufbereitung entsorgter Produkte zu einem neuen Wertstoff. Dabei wird das ursprüngliche Produkt teilweise durch Schmelzverfahren zerstört und der dadurch gewonnene Wertstoff für die Herstellung neuer Produkte verwendet. Der Ausgangsprodukt gibt darüber Auskunft, welche Recyclingquoten möglich sind.

Ist die Qualität des gewonnenen Recyclats höher, spricht man von Upcycling, und wenn die Qualität niedriger ist von Downcycling.

Die Recyclingquote hängt ganz wesentlich von den jeweiligen Materialien ab. So liegt die Recyclingquote von Stahl bei 70 % und die von einzelnen Stahlanwendungen bei teilweise über 90 %. Betrachtet man Aluminium, so stammen in Europa etwa 50 % des produzierten Aluminiums aus der Recyclingquote. Kupfer erreicht in Deutschland eine Recyclingquote von etwas über 50 %. Da Kupferprodukte eine lange Lebensdauer haben, ergibt sich ein Anteil von wiederverwertetem Kupfer in Höhe von ca. 80 Prozent.

In der Literatur werden die Recyclingquoten als Leistungskennzahl für die Circular Economy kritisch betrachtet. Begründung: Die Recyclingquoten geben weder Auskunft über die Qualität der Recyclate noch darüber, für welche Produkte sie wiederverwendet werden können. Daher ist die Erfassung des Materialwertes vor und nach dem Recyclingprozess auf der Grundlage des Indikators „*Circular Economy Index*" für die Umsetzung der Circular Economy aussagekräftiger.

2018 wurde erstmals der „*Circularity Gap Report*" veröffentlicht, in dem die Fortschritte hinsichtlich der Minimierung der globalen Zirkularitätslücke aufgezeigt wird. Hierbei wird der Verlauf globaler Stoffströme analysiert und daraus eine globale Zirkularitätsmetrik erstellt. Die gesamten Ressourcen, die in die globale Wirtschaft fließen, belaufen sich jährlich auf etwa 100,6 Milliarden Tonnen. 2017 wurden 8,6 Milliarden Tonnen in den globalen Kreislauf wieder zurückgeführt. Daraus ergibt sich ein globaler Zirkularitätsindex von 8,6 %.

Im Jahr 2020 konnte ein Anteil zirkulärer Stoffströme von ebenfalls 8,6 % ermittelt werden (PACE The Circularity Gap Report 2020, S. 19). Die Treibhausgasemissionen, gemessen in Kohlendioxid-Äquivalent, sind im Jahr 2015 von 50,6 auf 53,3 Milliarden Tonnen im Jahr 2017 gestiegen. Dabei gilt zu berücksichtigen, dass der Großteil der emittierten Treibhausgase (70 %) während der Materialumschlags- und Materialnutzungsphase entsteht. Die Circular Economy kann in diesem Zusammenhang durch intelligente Strategien und einen reduzierten Materialverbrauch die globalen Treibhausgasemissionen um 39 % und den Rohstoffverbrauch um 28 % senken. Etwa die Hälfte können im Bereich Bau- und Wohnungswesen erzielt werden. Es folgen die Bereiche Mobilität und Ernährung (PACE Circularity Gap Report 2020, S. 19). Hierfür sind jedoch ein globales Zielbild und eine globale Strategie erforderlich.

Die Europäische Kommission hat in ihrem Circular Economy Action-Plan von 2015 ein Zielbild für die Transformation zu einer Circular Economy aufgezeigt. Im Rahmen der Circular Economy Initiative Deutschland wurde das Zielbild nun für ein zirkulär wirtschaftendes Deutschland für die Jahre 2030 und 2050 entwickelt, das in seinen Grundzügen vorgestellt wird (acatech 2021a, S. 43).

Die Entwicklung des Zielbildes setzt operationalisierbare Ziele voraus, um Fort-, aber auch Rückschritte aufzeigen und messbar machen zu können. Das hierfür notwendige Indikatorensystem reicht hierfür jedoch noch nicht aus. Für die Umsetzung des Transformationsprozesses sind sowohl Prozessziele als auch Ziele zu den Auswirkungen notwendig, um die gewünschten Wirkungen realisieren zu können. Neben den ökologischen Zielsetzungen müssen hierbei auch soziale und ökonomische Ziele mit einbezogen werden. Ihr Beitrag zur Wertschöpfung und zur Sicherung der Wettbewerbsfähigkeit und Rohstoffversorgung sowie zum Wohlbefinden der Bevölkerung und zu einem gerechten Wohlstand entsprechen den Anforderungen der nationalen Nachhaltigkeitsstrategie.

Sollen die Ziele einer Circular Economy erreicht werden, müssen auf Makroebene Metriken sowohl zur Ergebnismessung als auch zur Nachverfolgung des Übergangsprozesses zu einer Circular Economy einbezogen werden. Metriken werden in Messgrößen für Aktivitäten unterteilt, die den Übergang bzw. Umsetzung einer Circular Economy ermöglichen, und solche, die die tatsächlichen Auswirkungen einer Circular Economy beschreiben.

Bisher fehlen jedoch sowohl Berechnungsmethoden als auch Daten für die meisten vorgeschlagenen Metriken im Zusammenhang mit den übrigen zirkulären Strategien wie Rethink, Redesign, Repair, Reuse und Remanufacturing. Dennoch legen Analysen z.B. von Material Economics und dem *UN International Resources Panel* nahe, dass die Circular-Economy-Hebel, die auf eine höherwertige Weiterverwendung von Produkten abzielen, noch ein beachtliches

Potenzial für die Entkopplung von Wohlstand und der Ressourcennutzung aufweisen (acatech 2021a, S. 37).

Dabei ist jedoch zu berücksichtigen, dass für eine klimaneutrale Circular Economy der Ausbau erneuerbarer Energie eine zentrale Voraussetzung ist. Unter Berücksichtigung globaler Wertschöpfungsketten und besonders der hohen Anteile möglicher Ressourceneinsparungen bei der Metallverarbeitung außerhalb von Deutschland ist eine globale Perspektive für die Circular Economy erforderlich, um eine reine Effektverlagerung in das Ausland zu vermeiden. Nur so sind gemäß dem Zielbild tatsächlich positive Auswirkungen auf die Einhaltung der planetaren Grenzen und die Sicherung der Lebensqualität zu erreichen.

3.4 Exkurs: Von der Circular Economy zur Circular Society

Im Rahmen der Diskussion um die Circular Economy kam es teilweise zu einer kritischen Auseinandersetzung um die unzureichende Berücksichtigung der sozialen Nachhaltigkeit. Kritisiert wird, dass Circular Economy vielfach auf ein ökologisches Modernisierungsprojekt reduziert wird, „das weiterhin auf einer kapitalistischen Auslegung von Fortschritt und Wirtschaftswachstum beruht." (acatech 2021a, S. 50) In diesem Kontext wird die Circular Economy im Rahmen einer sozial-ökologischen Transformation diskutiert.

Dabei gibt es einen breiten Konsens, dass eine Circular Economy ohne Partizipation und das Engagement der Gesellschaft nicht zur vollen Wirkung kommen kann. Es reicht nicht aus, sich primär auf technische und industrielle Innovationen zu konzentrieren. Daher fordern Jaeger-Erben et al. eine ganzheitliche bzw. sozial-ökologische Circular Economy, die sie als Circular Society bezeichnen (Jaeger-Erben 2019, S. 42). Aus dem Schaubild wird deutlich, wie die Circular Economy mit der sozialen Dimension zur Circular Society zusammengeführt wird.

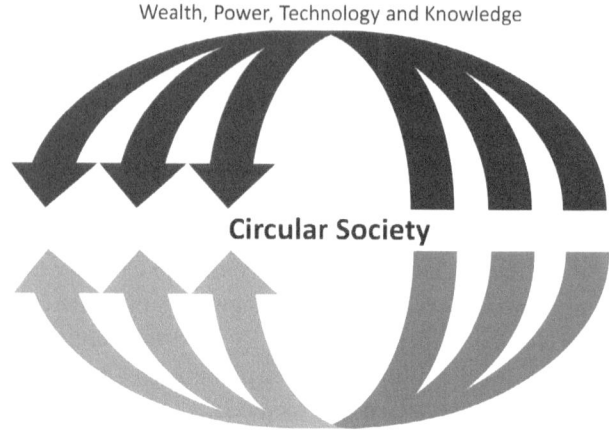

Quelle: In Anlehnung an Friant o.J.
Abb. 9: Circular Society

Sie entspricht dem Anspruch einer „Großen Transformation", wie sie bereits in dem WBGU-Gutachten *„Gesellschaftsvertrag für eine große Transformation"* 2011 gefordert wird. Dabei geht es nicht nur um punktuelle Veränderungen, sondern um eine Veränderung die auf Einsicht, Umsicht und Voraussicht basiert. Hierfür bleibt der Menschheit nicht mehr viel Zeit, wie beispielsweise der IPPC (Intergovernmental Panel on Climate Change) in seinen Sachstandsberichten mit Nachdruck betont. (vgl. hierzu den Sonderbericht von 2018 und den Sechsten Sachstandsbericht 2021/ 2022)

In diesem Kontext lassen sich verschiedene konzeptionelle Ansätze unterscheiden. Eine Ergänzung um sozial-politische Maßnahmen soll die Transparenz und Zugänglichkeit zu Produkten, die Verringerung von Kosten oder die Ausweitung von Rechten erhöhen. Ein weiterer Ansatz zielt auf die Zirkularität der Macht und die Verteilung von Ressourcen ab sowie auf eine gerechtere Verteilung von Wohlstand, Wissen, Technologien und Produktionsmittel, um ein nachhaltiges und zukunftsfähiges Wirtschaften in der Circular Society zu ermöglichen. In einem weiteren Sinne geht es bei der Circular Society oder Kreislaufgesellschaft nicht um eine zusätzliche Beachtung einiger sozialer Aspekte, sondern um einen umfassenden Wandel zu einer nachhaltigen Ökonomie (Hofmann et al. 2018, S. 223).

Die Entkopplung eines *„guten Lebens für alle"* von materiellem Wohlstand und Wirtschaftswachstum wird beispielsweise von Tim Jackson in seinem vielbeachteten Buch *„Wohlstand ohne Wachstum"* gefordert. Er stellt die Frage:

> *„Können ständig steigende Einkommen für die bereits Wohlhabenden weiterhin legitimer Mittelpunkt ihrer Hoffnungen und Erwartungen sein – in einer Welt mit endlichen Ressourcen und engen ökologischen Grenzen, in einer Welt, die immer noch gekennzeichnet ist durch Inseln des Wohlstands inmitten eines Ozeans der Armut? Oder gibt es vielleicht einen anderen Weg hin zu einer nachhaltigen, gerechten Form des Wohlstandes?"* (Jackson 2017, S. 4)

Im Rahmen eines etwas erweiterten Ansatzes hat Kate Raworth in ihrem ebenfalls viel beachteten Buch die „Donut-Ökonomie (Doughnut Economics)" vorgestellt (Raworth 2018). In ihrer Theorie geht sie von planetaren und sozialen Grenzen aus, die nicht überschritten werden dürfen. Die planetaren Grenzen sind durch den Klimawandel und den Verlust der Artenvielfalt vorgegeben. Die sozialen Grenzen werden von Gesundheit und Bildung bestimmt. Ihre Intention ist, die Wirtschaft neu zu „zeichnen", da über Bilder Handlungsräume besser zu vermitteln sind. Sie stellt fest: Wir brauchen eine neue ökonomische Erzählung, ein Narrativ unserer gemeinsamen wirtschaftlichen Zukunft, die dem 21. Jahrhundert gerecht werden.

Sollte die Wirtschaftswissenschaft neu geschrieben werden, bedarf es auch neuer Bilder. So wählt sie den Donut zur Visualisierung von Handlungsspielräumen für die Wirtschaft, der die Grenzen vorgibt. Sie stellt fest, dass Wachstum lange der führende Indikator für *„economic health"* war. Im Zusammenhang mit den heutigen sozialen und ökologischen Krisen ist ein einzelner enger Indikator wie das BIP völlig unzureichend.

> *"In other words, get into the doughnut, the sweet spot for humanity."* (Raworth 2018, S. 32)

So kommt sie zu den sieben alternativen Denkansätzen, mit denen sie die neuen ökonomischen, politischen und kulturellen Werte und Handlungsorientierungen benennt. Dabei geht es darum,

- sich von der Fixierung auf das Wachstum zu lösen,
- die Wirtschaft in die Gesellschaft und Natur zu integrieren,
- den Menschen nicht auf den Homo Oeconomicus zu reduzieren bzw. zu fixieren, da die menschliche Natur viel reicher und vielfältiger ist,
- die wirtschaftliche Ungleichheit als Gestaltungsfehler zu betrachten,
- die Umweltschädigung als Degeneration des Industriesystems zu verstehen, und
- die Wirtschaft muss darauf ausgerichtet sein, dass sie dem Menschen nützlich ist, unabhängig, ob sie wächst oder nicht wächst.

Hiervon ist die einzelwirtschaftliche Perspektive, d.h. das *„circular business model (CBM)"* abzugrenzen. In diesem Zusammenhang ist festzustellen, dass reale Fallbeispiele sich am besten eignen, CBM zu testen und zu validieren. Trotz der zunehmenden Bedeutung einzelner Fallstudien gibt es in der CBM-Forschung noch einen Mangel daran, wie Unternehmen das Modell einführen oder umsetzen. Daher stellt Hofmann fest, dass die Forschung noch einen langen Weg vor sich hat, um ein besseres Verständnis zu entwickeln, wie Unternehmen ihre Wertschöpfung systematisch und radikal verändern können, um ihr langfristiges Überleben zu sichern und gleichzeitig die großen gesellschaftlichen Herausforderungen zu lösen (Hofmann 2022, S. 15).

Geissdörfer et al. definieren circular business models:

> *"as business models that are cycling, extending, intensifying, and/or dematerialising material and energy loops to reduce the resource inputs into and the waste and emission leakage out of an organisational system. This comprises recycling measures (cycling), use phase extensions (extending), a more intense use phase (intensifying), and the substitution of products by service and software solutions (dematerialising)."* (Geissdörfer et al. 2020, S. 7)

Dabei gilt jedoch zu berücksichtigen, dass die Mehrheit der Beiträge zu Circular Business Models eher von einer schrittweisen als von einer grundlegenden Veränderung der Geschäftslogik, die dem schwachen Nachhaltigkeitsansatz zuzuordnen sind, ausgehen. Hofmann gibt daher zu bedenken, dass es nicht ausreicht, den CBMs einen „grünen Anstrich" zu geben, der den Neoliberalismus durch seine Ausrichtung auf den Shareholder-Value-Ansatz stärkt. Das würde dem aktuellen Geschäftsmodell entsprechen (Hofmann 2019, S. 371). Es besteht Konsens, dass Ansätze wie Recycling von Abfällen zu neuen Formen der Wertschöpfung, und Sharing-Ansätze wie nutzenorientierte Product Service Systems (PSSs) entscheidend für die Umstrukturierung der Konsum- und Produktionssysteme beitragen.

Daher fordern Bocken et al., dass nach einer eher theoretischen bzw. konzeptionellen Zuwendung zu Circular Business Models die Phase der Operationalisierung mehr Zuwendung erfahren sollte (Bocken et al. 2019). Dabei geht es um Methoden und Maßnahmen bzw. Instrumente, mit denen die bestmögliche Umsetzung erreicht werden kann. In der Phase der Operationalisierung geht es konkret um die Entwicklung von Produkten, Prozessen und Geschäftsmodellen, die die negativen Auswirkungen auf die Umwelt aber auch auf die Gesellschaft verringern.

Somit kann der Druck durch die Entstehung von wachsendem Abfallaufkommen und wachsender Ressourcenknappheit abnehmen, wodurch ein positiver Einfluss auf Gesellschaft und Umwelt erreicht wird. Dazu ist es erforderlich, im Rahmen von interdisziplinären Ansätzen die Bereiche Wirtschaft, Design und Ingenieurwissenschaften auf der Grundlage nachhaltiger Entwicklung miteinander zu verbinden. Dies könnte durch Best-Practice-Beispiele ergänzt bzw. konkretisiert werden.

Die verschiedenen Ansätze zur Circular Society und den Circular Business Models verdeutlichen die Erweiterung durch die soziale bzw. gesellschaftliche Dimension. Dabei zeigt sich, dass auch in diesem Kontext größere Anstrengungen erforderlich sind, um den Transformationsprozess zu einer Gesellschaft zu beschleunigen, die sich innerhalb der planetaren Grenzen weiterentwickelt.

4 Entwicklung der Circular Economy in der EU, in Deutschland und im globalen Süden

Die konzeptionelle Entwicklung und Umsetzung der Circular Economy wurde sowohl in der EU als auch in Deutschland mit teilweise unterschiedlicher Ausrichtung und Intensität vorangetrieben. Im globalen Süden gibt es bisher hauptsächlich unzureichende Ansätze der Circular Economy im informellen Sektor. Die folgenden Ausführungen konzentrieren sich auf einige wesentliche Phasen und deren inhaltliche Ausrichtung. Dabei werden zunächst die Intention und Entwicklung der EU zu einer Circular Economy analysiert, da aus ihr gewisse Rückschlüsse auf die Entwicklung in Deutschland zu ziehen sind. Für Deutschland werden noch konkrete Beispiele zum Stand des Recyclings aufgezeigt.

Die Circular Economy gilt bis heute primär als Agenda der industrialisierten Länder. In Entwicklungsländern fand das Konzept bisher oft nur sehr rudimentär Beachtung. Dabei gilt jedoch zu berücksichtigen, wie einführend schon ausgeführt wurde, dass es sich bei der Circular Economy nicht nur um ein regionales bzw. nationales Anliegen handeln sollte, sondern sie eine globale Herausforderung ist. Das gilt besonders in Bezug auf Probleme wie den Klimawandel, Abnahme der Biodiversität, Ressourcenknappheit, aber auch auf Gesundheit und Wohlbefinden der Menschen. Daher sollten Entwicklungsländer viel stärker in die Diskussion einer effektiven Circular Economy mit einbezogen werden, zumal diese ganz wesentlich zur Lebensqualität der Bevölkerung beitragen kann.

4.1 Entwicklung und Stand in der EU

Die Ausrichtung auf eine europäische Circular Economy begann 1975 mit der ersten europäischen Abfallrahmenrichtlinie. Es folgten weitere Richtlinien wie jene über gefährliche Abfälle, die

Batterierichtlinie, die Altfahrzeug-Richtlinie und die Elektro-Altgeräte-Richtlinie. Die Mitglieder der Europäischen Gemeinschaft wurden aufgefordert, diese Richtlinien in nationales Recht umzusetzen. Die Mitgliedsstaaten sollten entsprechend ihrer Rechtsvorschriften zur Verringerung, Verwertung und Umwandlung von Abfällen umfangreich beitragen.

Die Richtlinie wurde 1991 novelliert, wobei es darum ging, sie an den wissenschaftlichen und technischen Fortschritt anzupassen. Schließlich veröffentlichte die Europäische Kommission 2005 eine Mitteilung, die zu einer Kreislaufwirtschaft in der Europäischen Union führen sollte. Der Gesetzestext wurde 2008 abgeschlossen (Kranert 2017). Die neue EU-Abfallrahmenrichtlinie, die am 12.12.2008 in Kraft trat, hat besonders der Abfallvermeidung in der Europäischen Union eine größere Bedeutung verliehen. In Artikel 1 wird festgestellt:

„Mit dieser Richtlinie werden Maßnahmen festgelegt, die dem Schutz der Umwelt und der menschlichen Gesundheit dienen, indem die Erzeugung von Abfällen und die schädlichen Auswirkungen der Erzeugung und Bewirtschaftung von Abfällen vermieden oder verringert, die Gesamtauswirkungen der Ressourcennutzung reduziert und die Effizienz der Ressourcennutzung verbessert werden, und welche für den Übergang zu einer Kreislaufwirtschaft und für die Sicherstellung der langfristigen Wettbewerbsfähigkeit der Union entscheidend sind."

Entsprechend wurden die Mitgliedsstaaten verpflichtet, zum 12.12.2013 ein Programm *„Abfallvermeidung"* zu erstellen, um die bereits bestehenden Maßnahmen und Ziele zur Vermeidung von Abfällen festzulegen. Diese Maßnahmen sollten durch Zielvorgaben, die ebenfalls in dem Programm aufgeführt werden, überwacht und bewertet werden. (Jaron, Neugebauer 2013) Die fünfstufige Abfallhierarchie, die ein wesentlicher Bestandteil des Kreislaufwirtschaftsgesetzes darstellt, ist einer der Kernpunkte in der EU-Abfallrahmenrichtlinie. Die Hierarchie ist darauf ausgerichtet, diejenigen Optionen zur Abfallbewirtschaftung besonders zu fördern, die das beste Ergebnis unter dem Aspekt des Umweltschutzes erbringen. Hierbei ist der gesamte Lebenszyklus des Abfalls zu berücksichtigen.

Zu einem wichtigen Impuls für die europäische Strategie einer Circular Economy kam es durch das Wirtschaftsprogramm *„Europa 2020"*. Es war ein auf 10 Jahre angelegtes Programm für die Europäische Union. Es wurde am 3. März 2010 von der Europäischen Kommission vorgeschlagen und wurde vom Europäischen Rat im Juni 2010 verabschiedet. Das Ziel war ein *„intelligentes, nachhaltiges und integratives Wachstum"* mit einer besseren Koordinierung der nationalen und europäischen Wirtschaft anzustreben. Europa 2020 ist das Nachfolgeprogramm der Lissabon-Strategie, die von 2000 bis 2010 verfolgt wurde.

Das Wirtschaftsprogramm enthält sieben Leitinitiativen, wobei die Leitinitiative *„Ressourcenschonendes Europa"* den unmittelbaren Bezug zu einer Circular Economy hat. Dabei geht es um die Abkopplung des Wirtschaftswachstums von dem Ressourcenverbrauch. (EC 2011, S. 7)

> *„Die Vision: Bis 2050 ist die Wirtschaft der Europäischen Union auf eine Weise gewachsen, die die Ressourcenknappheit und die Grenzen des Planeten respektiert, und trägt so zu einer weltweiten wirtschaftlichen Umgestaltung bei. Unsere Wirtschaft ist wettbewerbsfähig und integrativ und bietet einen hohen Lebensstandard bei deutlich geringerer Umweltbelastung. Alle Ressourcen werden nachhaltig bewirtschaftet, von Rohstoffen bis hin zu Energie, Wasser, Luft, Land und Böden. Die Etappenziele des Klimaschutzes wurden erreicht, während die Biodiversität und die Ökosystemleistungen, die sie unterstützt, geschützt und wertbestimmt werden und im Wesentlichen wiederhergestellt sind."*

Die nächste Phase, die an *„Europa 2020"* anknüpft, ist die Entwicklung des *„EU Action Plan for the Circular Economy"*. 2015 nahm die Europäische Kommission ihren ersten Aktionsplan für die Kreislaufwirtschaft an. Er enthält Maßnahmen, die dazu beitragen sollen, den Übergang Europas zu einer Kreislaufwirtschaft zu fördern, die globale Wettbewerbsfähigkeit zu steigern, ein nachhaltiges Wirtschaftswachstum zu unterstützen und neue Arbeitsplätze zu schaffen. Einzelmaßnahmen sollten dazu beitragen den kreisförmigen Produktlebenszyklus durch mehr Wiederverwendung und Recycling zu schließen, aber auch eine maximale Wertschöpfung und

Nutzung von Rohstoffen, Produkten und Abfällen zu erzielen und Energieeinsparungen zu fördern.

Das Europa-Parlament verabschiedete in einem weiteren Schritt den „*European Green Deal*". Am 4. März 2019 hat die Europäische Kommission einen umfassenden Bericht zur Umsetzung des Aktionsplans angenommen. Darin werden die wichtigsten Aufgaben aufgezeigt und künftige Herausforderungen skizziert, um die europäische Wirtschaft entsprechend zu gestalten. Dabei soll besonders der Weg zu einer klimaneutralen Kreislaufwirtschaft geebnet und dadurch der Druck auf die Natur- und Süßwasserressourcen sowie die Ökosysteme minimiert werden. Das übergeordnete Ziel ist, dass Europa bis 2050 im Rahmen eines ambitionierten Transformationsprozess zum ersten klimaneutralen Kontinent wird. Der „*European Green Deal*" umfasst verschiedene zeitlich gestaffelte Programme und Investitionen, wobei der „*Circular Economy Action Plan*" eine der zentralen Säule ist und im Folgenden kurz vorgestellt wird.

In dem Plan wird ein Paket miteinander verknüpfter Initiativen aufgezeigt, die darauf abzielen, einen kohärenten Rahmen für die Produktpolitik zu schaffen. Dadurch sollen nachhaltige Produkte, Dienstleistungen und Geschäftsmodelle zur Norm werden. Die Verbrauchsmuster sind so zu verändern, dass kein Abfall erzeugt wird. Es ist vorgesehen diese Produktpolitik schrittweise einzuführen. Dabei sollen zentrale Produktwertschöpfungsketten vorrangig behandelt werden. Ein wichtiges Ziel ist, einen gut funktionierenden Binnenmarkt für hochwertige Sekundärrohstoffe zu schaffen (EC 2020, S. 3).

Der Ausbau der Circular Economy soll exemplarisch durch die Förderung von zwei Maßnahmen verdeutlicht werden:

- das Design nachhaltiger Produkte verbessern, und
- das Kreislaufprinzip in den Produktionsprozessen weiterzuentwickeln.

Die Relevanz zur Stärkung des Designs nachhaltiger Produkte begründet sich daraus, dass bis zu 80 % der Umweltauswirkungen von Produkten ihren Ursprung im unzureichenden Design haben. Es gibt noch zu wenig Anreize, von dem linearen Muster der Wegwerfgesellschaft wegzukommen. Daher schlägt die Europäische Kommission eine Rechtsetzungsinitiative für eine nachhaltige Produktpolitik vor:

„Die Kommission wird die Möglichkeit prüfen, im Rahmen dieser Rechtsetzungsinitiative und gegebenenfalls durch ergänzende Legislativvorschläge Nachhaltigkeitsgrundsätze und andere geeignete Wege zur Regulierung vorzulegen."

Dabei geht es u.a. um die Verbesserung der Haltbarkeit, Wiederverwendbarkeit, Nachrüstbarkeit und Reparierbarkeit von Produkten, dem umweltgerechten Umgang mit dem Vorhandensein gefährlicher Chemikalien in Produkten und der Steigerung der Energie- und Ressourceneffizienz. Weiterhin wird eine Erhöhung des Rezyklat-Anteils in Produkten bei gleichzeitiger Gewährung von deren Leistung und Sicherheit festgelegt. Ferner soll ein Verbot der Vernichtung unverkaufter, nicht verderblicher Ware eingeführt werden (EC 2020, S. 4).

Das Kreislaufprinzip gilt als wesentlicher Bestandteil eines Transformationsprozesses der Industrie zur Klimaneutralität und langfristiger Wettbewerbsfähigkeit. Dabei können erhebliche Materialeinsparungen in allen Wertschöpfungsketten und Produktionsprozessen erzielt werden, wodurch die Wettbewerbsfähigkeit gesteigert werden kann. Die Europäische Kommission will folgende Maßnahmen verbessern:

- Prüfung von Optionen zur weiteren Förderung der Kreislaufwirtschaft durch die Überprüfung der Richtlinie über Industrieemissionen unter Einbeziehung von Verfahren unter Berücksichtigung der besten verfügbaren Techniken;
- Erleichterung der Industriesymbiose[2] durch die Entwicklung eines von der Industrie getragenen Berichterstattungs- und Zertifizierungssystems;

---

[2] Bei einer Industriesymbiose nutzen ein Unternehmen oder eine Branche Nebenprodukte eines anderen Unternehmens (z.B. Warmluft, die eine Großbäckerei erzeugt).

- Förderung des nachhaltigen, kreislauforientierten biobasierten Sektors (Bioökonomie);
- verstärkte Nutzung digitaler Technologien für die Erkundung, Verfolgung und Inventarisierung von Ressourcen;
- Förderung grüner Technologien, indem das EU-System für die Verifizierung von Umwelttechnologien als EU-Gütesiegel eingetragen wird.

Der *European Green Deal* und der *Circular Economy Action Plan* zielen explizit auf eine Weiterentwicklung und Umsetzung der Circular Economy ab. Hierzu stellt die Circular Economy Initiative Deutschland (acatech) fest:

> „Aufgrund der vielfältigen integrativen Potenziale einer Circular Economy als neues gesamtgesellschaftliches Modell haben die Europäische Union und zahlreiche Mitgliedsländer bereits strategische Pläne für einen Übergang zu einem ressourcenschonenden Wirtschaften nach den Prinzipien der Circular Economy entwickelt." (acatech 2021, S. 23)

Der Gesamterfolg bzw. die effektive Wirksamkeit hängen jedoch von der nationalen Umsetzung und dem Zusammenwirken zwischen nationalen und europäischen Bemühungen ab. Im Prinzip können auf dem europäischen Binnenmarkt Stoff-, Material- und Produktkreisläufe etabliert und geschlossen werden.

4.2 Entwicklung und Stand in Deutschland

In Deutschland geht die erste gesetzliche Regelung der Abfallbeseitigung auf das Jahr 1972 zurück. Die Beseitigungspflicht von Abfällen wurde mit Erlass des Abfallbeseitigungsgesetzes auf die Kommunen und später auf die Landkreise übertragen. Im September 1994 wurde das Abfallbeseitigungsgesetz zu dem *„Gesetz zur Förderung der Kreislaufwirtschaft und Sicherung der umweltverträglichen Beseitigung von Abfällen (Kreislaufwirtschaft- und Abfallgesetz /KrW-/AbfG)"* weiterentwickelt und verabschiedet.

In ihm wurden die Grundsätze der angestrebten Kreislaufwirtschaft formuliert: „Abfälle sind in erster Linie zu vermeiden, insbesondere durch die Verminderung ihrer Menge und Schädlichkeit, in zweiter Linie stofflich zu verwerten oder zur Gewinnung von Energie zu nutzen (energetische Verwertung)." Hier spiegelt sich der Grundgedanke der ersten Abfallrahmenrichtlinie des Rates der Europäischen Gemeinschaft vom 15. Juli 1975 wider.

2012 kam es zu der ersten Novellierung des KrWG. Die wesentliche Weiterentwicklung erfolgte durch die fünfstufige Abfallhierarchie. Durch sie wird eine Rangfolge vorgegeben, wobei die Maßnahme der jeweiligen Ebene, die den größtmöglichen Umweltschutz aufweist, Vorrang haben soll. Dabei werden folgende Ebenen unterschieden:

- Vermeidung,
- Vorbereitung zur Wiederverwendung,
- Recycling,
- sonstige Verwertung,
- Beseitigung.

Das Kreislaufwirtschaftsgesetz wurde im Rahmen der geänderten Abfallrahmenrichtlinie der EU (Richtlinie 2018/851 /EU) zum 5.7.2020 erneut novelliert. Um die Zielsetzung der Richtlinie zu erreichen, wurde das System der Produktverantwortung um die Obhutspflicht erweitert. Bei der Obhutspflicht geht es um die Erhaltung der Gebrauchstauglichkeit von Erzeugnissen. Sie lässt die Entsorgung nur als letzte Möglichkeit zu.

Auf dem „deutschen Weg" zu einer Circular Economy gibt es eine Reihe von Programmen. Eine besondere Bedeutung kommt dem Abfallvermeidungsprogramm zu. Es zielt auf eine Entkopplung von Wachstum und Abfallerzeugung ab. Dabei werden jedoch keine verbindlichen, quantifizierten Vermeidungsziele festgelegt. Die von der EU-Richtline genannten Voraussetzungen innerhalb der Programme sind jedoch wenig konkret und bieten daher einen breiten Interpretationsrahmen (Jung 2020, S. 7).

Ein weiterer wichtiger Bereich ist das Recycling von Verpackungsabfällen. Dafür hat Deutschland durch die Sammlung und Verwertung von Verpackungsabfällen eine wichtige Grundlage geschaffen. 1991 trat die Verpackungsordnung in Kraft, bei der die Produzentenverantwortung für eine kreislauforientierte Abfallwirtschaft festgelegt wurde (Wiener 2020). Es geht darum, dass Verpackungshersteller möglichst recyclingfreundliche Verpackungsmaterialien herstellen. Beispielhaft ist zu erwähnen, dass die Recycling-Rate für Kunststoffverpackungen bis zum Jahr 2022 von ehemals 36 % auf 63 % erhöht wird. Kritisch anzumerken ist jedoch, dass jährlich 720.000 Tonnen – das entspricht 11 % des gesamten Kunststoffabfalls – immer noch in Länder mit geringen Umweltstandards exportiert werden.

Positiv hervorzuheben ist das insgesamt hohe technische Niveau bei der abfallwirtschaftlichen Infrastruktur. Der Sektor konnte in dem Zeitraum von 1991/92 bis 2019 die Treibhausgasemissionen um 75 % senken. Hinzu kommen positive Beschäftigungs- (2019 177.000), und Umsatzeffekte (2022 41,3 Mrd. Euro). Schließlich ist festzustellen, dass die deutsche Wirtschaft bei Technologien zur automatischen Materialtrennung global einen Marktanteil von 64 % aufweist. Neben den gesetzlichen Regelungen in den Bereichen Abfallentsorgung und Recycling sind noch folgende Programme zur Förderung der Circular Economy zu nennen: das Deutsche Ressourceneffizienzprogramm (ProgRess 2020), das Nationale Programm für nachhaltigen Konsum und die Öko-Design-Richtlinie, die im März 2021 als Teil des *„Energieverbrauchs-relevante-Produkte-Gesetz* (EVPG)" in Kraft trat.

Deutschland befindet sich in einer guten Ausgangslage, indem es sich in den letzten Jahrzehnten insgesamt in Richtung einer Circular Economy positiv entwickelt hat. Mit seiner zu Beginn progressiven Herangehensweise bei der Sammlung und dem Recycling besonders von Papier, Glas und Verpackungen hatte Deutschland einen gewissen Vorbildcharakter. Die ganzheitliche Transformation zu einer Circular Economy steht jedoch noch aus.

Zur Erinnerung: Die Transformation zu einer Circular Economy zielt auch auf eine nachhaltige Steigerung der Lebensqualität und Sicherung eines gerechten Wohlstands für Deutschland und darüber hinaus ab. Viele Maßnahmen in den nationalen Programmen haben bisher noch überwiegend einen auffordernden oder informierenden Charakter. Daher ist Deutschland von einer echten Kreislaufführung noch weit entfernt. Das für die umfassende Etablierung einer Circular Economy notwendige Innovationssystem befindet sich noch in einer frühen Entwicklungsphase mit einer geringen Eigendynamik (acatech 2021, S. 23).

Neben inhaltlichen Unzulänglichkeiten, die teilweise schon benannt wurden, gibt es auch einige methodische Defizite. So mangelt es hinsichtlich der Entwicklung und Umsetzung einer zirkulären Strategie noch an konkreten Prozesszielen und an Informationen über die zu erwartenden Auswirkungen. Um jedoch die nationalen Fortschritte zu bewerten und den Prozess entsprechend steuern zu können, ist ein „Kontroll-Set relevanter Kennzahlen" erforderlich. Um sicherzustellen, dass die Ziele erreicht werden, sollten auf Makroebene Metriken sowohl zum Monitoring des Prozesses als auch zur Ergebnismessung einbezogen werden.

Es existieren schon viele Metriken zur Bemessung der Ergebnisse einer Circular Economy. Bisher wurden jedoch nur wenige Metriken primär für Recycling und Verwertung für eine Bewertung auf nationaler Ebene vorgeschlagen. Aktuell fehlen sowohl Berechnungsmethoden, aber auch Daten für die Mehrzahl der vorgeschlagenen Metriken im Zusammenhang mit den üblichen zirkulären Strategien wie Rethink/Redesign, Repair, Reuse and Remanufacturing (acatec 2021, S. 35). Weiterhin werden bisher nur wenige Metriken zur Bewertung der ökologischen, ökonomischen und sozialen Auswirkungen der Circular Economy vorgeschlagen. Unter Berücksichtigung globaler Wertschöpfungsketten und der Potenziale möglicher Ressourceneinsparungen ist eine globale Perspektive notwendig, um eine Effektverlagerung in das Ausland zu vermeiden.

In der EU, aber auch in Deutschland wurden viele Richtlinien, Konzepte, aber auch Anreize für eine Circular Economy eingeführt. Bisher besteht jedoch das Defizit einer in sich konsistenten Circular-Economy-Strategie. Bei der Umsetzung haben die Unternehmen eine zentrale Funktion. Die Entscheidung, Produkt-Design oder Produktionsprozesse an den Anforderungen der Circular

Economy auszurichten, liegt in der Wahrnehmung und Verantwortung unternehmerischer Entscheidungsträger.

Dabei gilt zu berücksichtigen, dass die Umsetzung der Circular Economy in den eigenen Betriebsabläufen Unternehmen teilweise vor große Herausforderungen oder schwierige Entscheidungen stellen. Das gilt besonders für den Einsatz von Sekundärrohstoffen, die Einführung neuer Geschäftsmodelle und die Entwicklung und Umsetzung neuer Produkt-Designs. Allgemein ist es für Unternehmen oft sinnvoll, Maßnahmen in einzelnen Abteilungen einzuführen, um so potenzielle Verbesserungen bzw. Einsparungen im Sinne der Kreislaufführung zu realisieren.

4.3 Beispiele zu Deutschland: Die Wiedergewinnung von Rohstoffen durch Recycling – exemplarisch

Ein wesentliches Kriterium für die Bewertung von Recycling ist, wenn die daraus gewonnenen Sekundärstoffe annähernd identische Eigenschaften und Qualitäten wie die Primärstoffe aufweisen. Eine Voraussetzung hierfür ist, dass die erforderlichen technischen Recyclingverfahren vorhanden sind. Dabei gilt zu berücksichtigen, dass die technischen, marktwirtschaftlichen und ökologischen Bedingungen Veränderungen erfahren und daher Recycling- und Verwertungsverfahren ständig neu bewertet werden müssen (Gäth, Meißner 2013, S. 111).

Eine gesamtwirtschaftliche Recyclingquote hat nur eine sehr begrenzte Aussagekraft, da die einzelnen Wirtschaftssektoren sehr unterschiedliche Bedingungen für ein erfolgreiches Recycling aufweisen. Daher ist es sinnvoll, einzelne Wirtschaftssektoren näher zu betrachten. Zunächst werden mit Bauabfällen und Plastikabfällen zwei etablierte Recyclingsektoren aufgezeigt. Danach werden mit dem Bereich Recycling von entsorgten Photovoltaikanlagen ein aufkommender und mit dem Recycling von Traktionsbatterien ein zukünftiger Bereich vorgestellt. Dabei geht es weniger um technische Anforderungen als vielmehr um die Anforderungen im Kontext der einzelnen Branchen.

4.3.1 Recycling von Bauabfällen

Der Bausektor ist einer der ressourcenintensivsten Wirtschaftssektoren. Im Jahr 2013 setzte er nach dem Statistischen Bundesamt 534 Millionen Tonnen an mineralischen Baurohstoffen ein. Betrachtet man den Bestand an Gebäuden und Infrastrukturen, so ist dieser mit rund 28 Milliarden Tonnen (Stand 2010) ein bedeutendes, menschengemachtes Rohstofflager, das nach Nutzungsende wieder dem Recycling zugeführt werden kann. Für den Umgang mit Bauabfällen (Abbruch von Gebäuden), aber auch bei dem Bau und der Sanierung von Straßen, Gleisen oder Tunneln gibt es drei Vorgehensweisen (UBA 2021):

- Vermeidung der Abfälle durch die Erhaltung der bestehenden Bausubstanz und auf lange Nutzungsdauer ausgelegte Konstruktionen,
- nicht vermeidbare Abfälle sollen durch recyclinggerechtes Konstruieren der Bauten einen recyclinggerechten Abbruch im Wirtschaftskreislauf gehalten werden,
- die Beseitigung von Bau- und Abbruchabfällen sollte auf ein möglichst geringes Maß beschränkt bleiben und umweltgerecht erfolgen.

Diese Vorgehensweisen entsprechen dem schon ausgeführten Kreislaufwirtschaftsgesetz, der europäischen Abfallrahmenrichtlinie und dem Deutschen Ressourceneffizienzprogramm (ProgRess III). Die Initiative *„Kreislaufwirtschaft Bau"* startete 1995 mit einer Selbstverpflichtung gegenüber der Bundesregierung, die Menge mineralischer Abfälle innerhalb von zehn Jahren zu halbieren. Die Initiative legt im zwei Jahresrhythmus einen Monitor-Bericht zum Aufkommen und zum Verbleib mineralischer Bauabfälle vor. Die Daten hierfür werden vom Statistischen Bundesamt zur Verfügung gestellt. Die Stoffströme werden in fünf praxisorientierte Fraktionen unterschieden, da sie unterschiedlich verwertet werden (Kreislaufwirtschaft Bau 2018):

- Bauschutt,
- Straßenaufbruch,
- Boden und Steine,

- Bauabfälle auf Gipsbasis,
- Baustellenabfälle.

Das Beispiel Bauschutt verdeutlicht, dass von den angefallenen 59,8 Millionen Tonnen 46,6 Millionen Tonnen (77,9 %) recycelt werden. 9,6 Millionen Tonnen (16,0 %) wurden im Rahmen der Verfüllung von Abgrabungen und auf Deponien verwertet. Nur 3,6 Millionen Tonnen (6,1 %) des angefallenen Bauschutts wurde auf Deponien beseitigt.

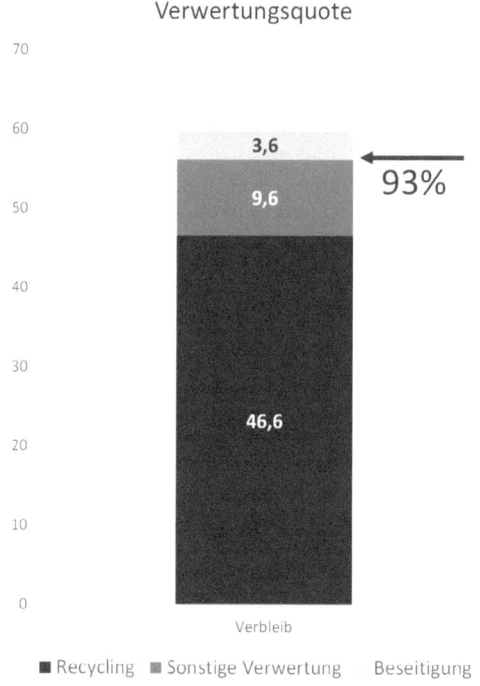

Quelle: In Anlehnung an Kreislaufwirtschaft Bau 2018, S. 8
Abb. 10: Anfall und Verbleib der Fraktion Bauschutt 2018 in Mio. Tonnen

Zusammenfassend kann festgestellt werden, dass es im Jahr 2018 gelungen ist, für mineralische Bauabfälle fast vollständig geschlossene Kreisläufe zu realisieren. Von den 218 Mio. Tonnen ungefährlicher Bau- und Abbruchabfälle wurden 89,7 % bzw. 196,3 Mio.

Tonnen umweltverträglich verwertet (Recycling plus sonstige Verwertung). Dabei gilt jedoch zu berücksichtigen, dass sich die Quoten in den einzelnen Fraktionen unterscheiden und die Qualität der wiedergewonnen Sekundärrohstoffe unterschiedlich ist. Die Recycling-Baustoffe werden hauptsächlich als Gesteinskörnungen im Straßen-, Erd- und Deponiebau eingesetzt.

Einige Bundesländer sind bestrebt, den Einsatz von gütegesicherten Recyclingbaustoffen und damit die Kreislaufwirtschaft im Bausektor zu fördern. Dabei ging die Landesregierung von Rheinland-Pfalz voran. Die Regierung gründete ein Bündnis für eine diskriminierungsfreie Ausschreibung von gütegesicherten Recycling-Baustoffen. Das Bündnis wirbt für eine Ressourcenschonung und Wiederverwertung im Baubereich (UBA 2021).

Recycling zeichnet sich auch im Bausektor durch einen dynamischen Prozess aus, der auch in diesem Kontext ganz wesentlich durch den technischen Fortschritt determiniert wird. Daher gibt es unterschiedliche Aktivitäten, neuartige Methoden zu finden, um das Recycling von Bauschutt weiterzuentwickeln. Ein wesentlicher Grund ist der weltweite Bauboom, der dazu führt, dass wertvolle Rohstoffe wie Beton, der primär aus Sand und Kies besteht, knapp werden. Ein Beispiel ist der Wolkenkratzer Burj Khalifa in Dubai, für den Sand aus Australien importiert werden musste, da sich Wüstensand nicht eignet.

Daher haben vier Fraunhofer-Institute im Rahmen des Projektes „BauCycle" kooperiert. Es geht darum, Bauschutt so aufzubereiten, dass es möglich ist, aus dem mineralischen Gemisch einen nachhaltigen Wertstoff herzustellen, mit dem Anwendungsmöglichkeiten für den Hochbau aufgezeigt werden können.

> *„Ziel ist es, Partikel mineralischer Bauabfälle, die kleiner als 2 mm sind, wiederzuverwerten. Im Projekt behandeln die Forscherinnen und Forscher die komplette Wertschöpfungskette von der Entwicklung innovativer Sortierverfahren und hochwertiger Baustoffe bis hin zum Aufbau einer dynamischen Marktplattform, d.h. einer Rohstoffbörse."* (Fraunhofer Presseinformation 2018)

4.3.2 Recycling von Plastikabfällen

Die Geschichte der Produktion von Kunststoff begann im Jahr 1907 durch den belgisch-amerikanischen Chemiker Bakelite. Zu einem nennenswerten Durchbruch von Plastik kam es jedoch erst in den 1950er Jahren. Einige aktuelle Entwicklungen werden in der Studie *„Stoffstrombild Kunststoffe in Deutschland 2019"* aufgezeigt. (Conversio 2020) Im Jahr 2019 betrug die Kunststoffproduktion von Neuwaren etwa 18,2 Mio. Tonnen. Rechnet man die Rezyklate hinzu, so betrug sie insgesamt etwa 20,2 Mio. Tonnen. Die Produktion der Kunststoffwerkstoffe betrug 10,3 Mio. Tonnen und lag damit 6,6 % unter dem Niveau von 2017.

Hiervon zu unterscheiden ist die Kunststoffverarbeitung durch die Kunststoffindustrie, die einschließlich der Rezyklate 14,2 Mio. Tonnen betrug. Der Rezyklat-Einsatz hat sich im Verhältnis zu 2017 um 10,2 % erhöht. Betrachtet man in Deutschland den Kunststoffverbrauch, betrug er nach der Bereinigung von Im- und Exporten 12,1 Mio. Tonnen. In diesem Zeitraum nahm die Menge der Kunststoffabfälle um 2 % zu. Schließlich ist noch der Kunststoffverbrauch beim Endverbraucher aufzuführen, der seit 2017 leicht anstieg. Er betrug 2019 etwa 12,1 Mio. Tonnen. Die Kunststoffproduktion Deutschlands weist einen Exportüberschuss von Kunststoffprodukten mit substantiellem Kunststoffanteil von (z.B. Automobil) etwa 15 % auf (Conversio 2020).

Die folgende Abbildung zeigt, dass die Kunststoffabfälle insgesamt etwa 6,3 Mio. Tonnen betrugen. Davon waren 0,9 Mio. Tonnen industrielle Abfälle. 5,4 Mio. Tonnen sind den privaten und gewerblichen Endverbrauchern zuzuordnen. 85,2 % der Abfälle entstanden nach dem Gebrauch der Kunststoffe, was den *„Post-Consumer-Abfällen"* zuzuordnen ist. Die restlichen 14,8 % entstanden bei der Herstellung und der Verarbeitung von Kunststoffen.

Bei den Endverbrauchern von Kunststoffabfällen ist der absolut größte Anteil mit 3,2 Mio. Tonnen (59 %) den Verpackungen zuzurechnen. Die restlichen 41 % werden in verschiedenen Sektoren in Form von Recyclat besonders im Baubereich, dem Fahrzeug- und Elektronikbereich und der Landwirtschaft eingesetzt. Betrachtet man die Verwertung von Kunststoff-Verpackungsabfällen, so werden 55,5 % recycelt (stoffliche Verwertung). Im Vergleich zu 2017 kam es hier zu einer leichten Steigerung. 44,2 % wurden verbrannt (thermische Verwertung).

Kunststoffabfälle in Mio. t

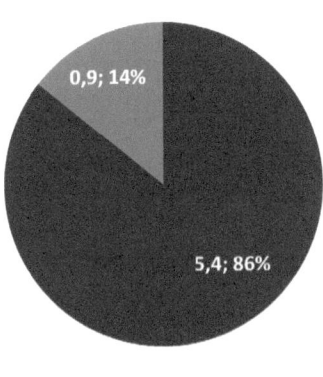

■ priv. u. gewerbl. Endverbraucher
■ industr. Abfälle

Kunststoffabfälle Endverbraucher in %

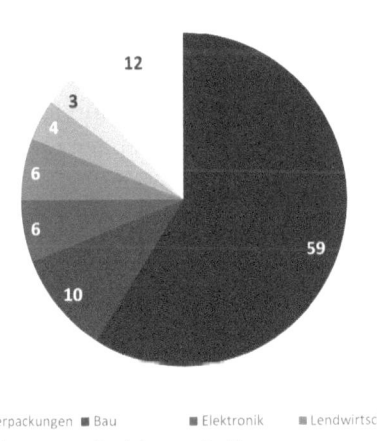

■ Verpackungen ■ Bau ■ Elektronik ■ Lendwirtschaft
■ Fahrzeuge Haushalt Sonstiges

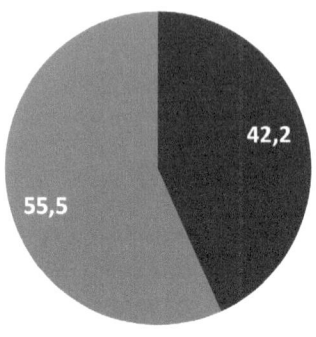

Quelle: In Anlehnung an NABU 2022, S. 1
Abb. 11: Kunststoffabfälle in Deutschland 2019

Im Jahr 2019 wurden insgesamt 99,4 % der gesammelten Kunststoffabfälle verwertet. Von den 6,3 Mio. Tonnen wurden 2,93 Mio. Tonnen (46,6 %) werk- und rohstofflich genutzt, während 3,31 Mio. Tonnen (52,8 %) energetisch in Müllverbrennungsanlagen oder als Ersatzstoff fossiler Brennstoffe, z.B. in Zementwerken oder Kraftwerken, verwertet wurde. 40.000 Tonnen (0,6 %) Kunststoffabfälle wurden deponiert oder in Anlagen ohne hinreichende Auskopplung, d.h. ohne Nutzung der dabei entstehenden Energie, verbrannt (UBA 2021).

Besonders umstritten ist seit vielen Jahren der Export von Recyclingkunststoffen. Hierbei werden Recycling-Kunststoffe unterschiedlicher Qualität und Verarbeitungsstufen in das Ausland gebracht. Deutschland exportierte 2016 etwa 1,5 Mio. Tonnen Kunststoffe im Wert von 0,5 Milliarden US-Dollar ins Ausland, überwiegend in Entwicklungsländer. In dem gleichen Zeitraum wurden 0,58 Mio. Tonnen Plastikabfälle im Wert von 188 Mio. US-Dollar von Deutschland importiert. Dabei wird kritisiert, dass die in Entwicklungsländer exportierten Plastikabfälle nicht sachgerecht entsorgt und dadurch hohe ökologische und soziale Schäden verursacht werden.

Der Welthandel mit Recycling-Kunststoffen ist jedoch im Umbruch, wie am Beispiel von China aufgezeigt werden soll. China war weltweit mit zwei Dritteln des gesamten Welthandelsvolumens der größte Nachfrager bzw. Importeur von Sekundärkunststoffen. Das erklärt sich auch aus den großen Kapazitäten der chinesischen Recyclingwirtschaft bei niedrigen Kosten und Umweltstandards. Seit Beginn 2018 hat China neue Regulierungen eingeführt. Danach möchte China nur noch sortenreine Kunststoffreste importieren und die Einfuhr verunreinigter Kunststoffe auf 0,5 % reduzieren.

Die Begründung ist, dass China ein eigenes Sammelsystem für Recycling-Kunststoffe aufbauen möchte und dabei die nicht registrierten Betriebsstätten reduzieren wird. Gleichzeitig ist Deutschland, aber auch Europa bestrebt, neue Regulierungen umzusetzen, wonach eine Quotenregelung das Angebot an Recycling-Kunststoffen erhöhen wird. Diese beiden Entwicklungen führen für Deutschland und Europa zu großen Herausforderungen.

> *„Doch wichtige Teilmärkte des Sekundärkunststoff-Marktes haben sich in den vergangenen Jahren gut entwickelt und vieles weist darauf hin, dass dieser positive Trend auch künftig anhalten wird."* (Dehio et al. 2018, S. 3)

Abschließend gilt festzustellen, dass es sich bei der Kunststoffindustrie in Deutschland aus wirtschaftlicher Perspektive um eine relevante Branche handelt. Ihr werden etwa 3000 Betriebe zugeordnet, und sie weist einen Umsatz von 65 Milliarden Euro auf. Die Betriebe beschäftigen etwa 419.000 Mitarbeiterinnen und Mitarbeiter (v. Hauff 2021, S. 142). Daher sollten Reformen zur Verminderung von Plastikabfällen in Kooperation mit Vertretern dieser Branche erfolgen. Da die Plastikindustrie jedoch nicht nur in Deutschland, sondern weltweit eine relativ große Bedeutung hat, ist auch für die Zukunft ein gewisses Beharrungsvermögen zu erwarten.

So erstaunt es nicht, dass sich nach einer neuen Studie der OECD die Menge der weltweit produzierten Kunststoffabfälle bis 2060 fast verdreifachen wird, wenn die gegenwärtige Dynamik anhält (OECD 2022). Dabei geht die Studie davon aus, dass etwa 50 % in Deponien eingelagert und nur ein Fünftel recycelt werden. Diese Entwicklung wird ganz wesentlich durch das Bevölkerungswachstum und die Einkommenszuwächse verursacht. Der Kunststoffverbrauch von 460 Megatonnen im Jahr 2019 wird auf 1.231 Megatonnen im Jahr 2060 anwachsen, soweit keine weiteren Maßnahmen gegen diese Entwicklung erfolgen. Die Kunststoffeinträge in die Umwelt werden sich auf 44 Megatonnen jährlich verdoppeln. Die Anreicherung von Kunststoffen in Flüssen, Seen und Meeren wird sich sogar mehr als verdreifachen.

2060 werden etwa zwei Drittel der Kunststoffabfälle durch kurzfristige Produkte wie Verpackungen von Billigwaren verursacht werden. Um diese Entwicklung aufzuhalten sind radikale Maßnahmen erforderlich: Der Verbrauch muss deutlich gesenkt werden, die Lebensdauer von Plastikprodukten muss verlängert werden und die Recyclingfähigkeit muss deutlich verbessert werden. Dabei steigt der Anteil von Kunststoff-Recyclaten bei der Herstellung von Neuprodukten, und der technische Fortschritt wird weiter voranschreiten. Ob diese Entwicklung die Belastung mit Kunststoffabfällen beispielsweise in Meeren in ausreichendem Maße reduziert, ist kaum zu prognostizieren.

Entsprechend den Schätzungen wird der Anteil erfolgreich recycelter Kunststoffabfälle für den genannten Zeitraum von 9 % auf 17 % zunehmen, wobei davon auszugehen ist, dass weiterhin 20 % verbrannt und 50 % auf Deponien entsorgt werden. Dagegen ist zu erwarten, dass der Anteil, der auf unkontrollierten Deponien entsorgt wird, von 22 % auf 15 % zurück geht. Fügt man die zu erwartenden Entwicklungen zusammen, ist es notwendig, die steigenden Plastikabfälle mengenmäßig zu verringern bzw. den Anstieg aufzuhalten. Hierfür sind weltweit strengere Maßnahmen notwendig, die entsprechend global abgestimmt werden müssen. Dadurch könnten die Kunststoffabfälle um ein Drittel verringert werden.

4.3.3 Recycling von Photovoltaik-Panels

Die Energieerzeugung über Photovoltaik (PV) gilt heute als eine der vielversprechendsten und ausgereiftesten Technologien der erneuerbaren Energie. Daher gilt sie vielfach als wichtigste Technik zur Transformation der Energiewende. Die PV-Technologie ist umweltfreundlich und leistet somit einen wichtigen Beitrag zum Klimaschutz. Daher hat sie sich zu einer bevorzugten Quelle der Stromerzeugung entwickelt. Nach Wasser- und Windenergie ist sie die am dritthäufigsten genutzte Quelle erneuerbarer Energie. Aus ökologischer Perspektive kann festgestellt werden, dass die CO_2-Emissionen von Solarzellen auf Siliziumbasis zu vernachlässigen sind (Shin et al. 2017, S. 3).

Aus diesem Grund wird Solarenergie vielfach als sicher, effizient, umweltfreundlich und zuverlässig klassifiziert. Daher wird ihr eine herausragende Perspektive zur Deckung des weltweiten Energiebedarfs prognostiziert. So wird erwartet, dass PV-Energie noch in diesem Jahrhundert zur bedeutendsten globalen Energiequelle wird (Xu et al. 2018). 2017 ist für den PV-Sektor besonders bedeutsam, da in diesem Jahr die weltweit neu installierte PV-Stromerzeugungskapazität größer als jene der Atom- und der fossilen Energiekapazitäten war.

Hierzu gibt es folgende Prognose: Im Jahr 2020 waren bereits 700 Gigawatt installiert. Bei gleichbleibender Entwicklung werden bis 2050 20 bis 80 Terawatt installiert sein, die notwendig sind, damit das Stromsystem zu 100 % auf erneuerbarer Energie basiert. Bis 2100 geht man von 80 bis 170 Terawatt aus, also einhundertmal mehr als die bis 2020 installierten 700 Gigawatt (Goldschmidt et al. 2021). Die Expansion der Solartechnologie hat ganz wesentlich zu einer Senkung der Kosten geführt, was sich positiv auf die Konkurrenzfähigkeit der PV ausgewirkt hat. Hierzu einige konkrete Beispiele: Saudi-Arabien hat 2018 eine 300-Megawatt-Anlage ausgeschrieben, die Solarenergie zu dem weltweit niedrigsten Preis von 0,0234 US-Dollar/kWh produziert (Schmela 2018). China hatte 2017 die weltweit führende Produktion von Solarenergie und installierte 50 % der weltweit neuen Solarstromerzeugungskapazitäten.

Insgesamt ist der Beitrag der Länder hinsichtlich ihrer installierten PV-Kapazität jedoch sehr unterschiedlich. In dem folgenden Schaubild werden die 10 wichtigsten Länder weltweit entsprechend ihrer installierten PV-Gesamtkapazität im Jahr 2017 aufgeführt.

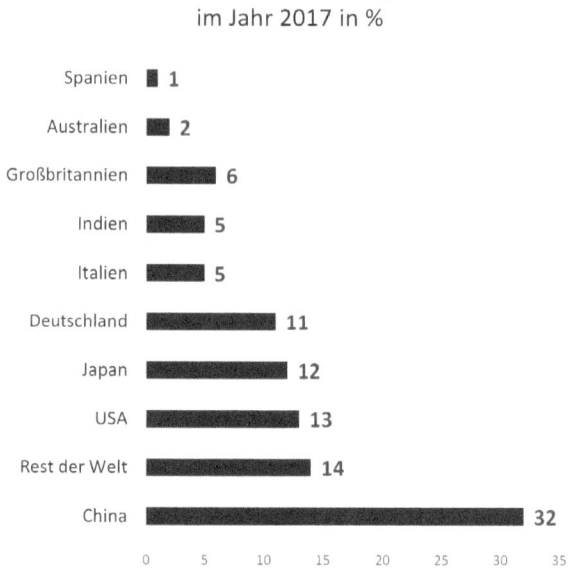

Quelle: In Anlehnung an Chodhury et al. 2020, S. 3
Abb. 12: Die 10 Länder mit der höchsten PV-Kapazitäten

Es gibt verschiedene Arten von Solarzellen, wobei die c-Si-Solarzelle weltweit mit einem Anteil von 80 % dominiert. Dünnschicht-Solarzellen sind der zweiten Generation zuzuordnen. Es handelt sich um halbleitergesteuerte Solarzellen, die aus Materialien wie Cadmiumtellurid und Kupfer-Indium-Gallium-(di)-Selenid hergestellt sind. Bisher wird jedoch der hohe Ressourcenbedarf für Solarmodule und der weiteren Komponenten wie Wechselrichter und Aufständerung weitgehend vernachlässigt.

Daher stellt sich aus der Sicht der Circular Economy unter anderem die Frage, ob bei dem Wachstum der Photovoltaik die benötigten Ressourcen langfristig zur Verfügung gestellt werden können und unter welchen Bedingungen das möglich ist. Diese Frage wird bisher weitgehend vernachlässigt. In der Studie von Goldschmidt et al. (2021) haben sich die Autoren auf die Analyse folgender Ressourcen beschränkt: Energie, Flachglas, Kapitalinvestitionen und Metalle wie Silber und Indium. Die Studie kommt zu dem Schluss, dass ohne einen kontinuierlichen technologischen Fortschritt, der zu einer Ressourceneinsparung führt, die Produktion und der Einsatz der Photovoltaik in dem bereits aufgeführten Terawatt-Maßstab behindert werden. Während der extreme Bedarf an Glas nicht als Engpass gesehen wird, könnte der Bedarf an Metallen wie Silber und Indium zu einem Engpass werden, wenn sie nicht deutlich effizienter genutzt werden.

Eine weitere Herausforderung aus der Perspektive der Circular Economy ist das Recycling von Solar-Panels. Hierzu stellen Chowdhury et al. fest:

"Considering an average panel lifetime of 25 years, the worldwide solar PV waste is anticipated to reach between 4 % - 14 % of total generation capacity by 2030 and rise to over 80 % (around 78 million tons) by 2050. Therefore, the disposal of PV panels will become a pertinent environmental issue in the next decades. Eventually, there will be great scopes to carefully investigate on the disposal and recycling of PV panels EOL (End-of-life)" (Chowghury 2020, S. 3)

In diesem Zusammenhang wird der EU eine Vorreiterrolle eingeräumt. Nach der EU-Richtlinie über Elektro- und Elektronik-Altgeräte sind die Hersteller verpflichtet, für die PV-Module, die an den EU-Markt geliefert werden, die Kosten für Sammeln und Recyceln zu übernehmen.

Folgende Ziele wurden für das Sammeln, Rückgewinnen und Recycling festgelegt (Granata et al. 2014):

- Die Mindestsammelquote für das Durchschnittsgewicht von Photovoltaik-Panels beträgt 45 % der gesamten Geräte bis 2016, und danach 65 %.
- Mindestziele für die Verwertung und das Recycling sind 75 % bzw. 65 % des Durchschnittsgewichts bis 2015.

Dabei sind aber auch weitere Verbesserungen der Wirtschaftlichkeit, einer höheren Rückgewinnungsrate und der Umweltverträglichkeit der PV-Industrie unerlässlich. Das Regelwerk der EU bietet für andere Länder, die konzeptionell noch wenig Erfahrung mit der Wiedergewinnung von Rohstoffen durch Recyclingverfahren aus PV-Anlagen haben, die Möglichkeit, geeignete Ansätze zu entwickeln.

Da der asiatische Raum im Bereich der Installation von PV-Anlagen, wie bereits gezeigt wurde, führend ist, stellt sich hier besonders die Frage, ob sie in der Zukunft auf eine nachhaltige Abfallentsorgung vorbereitet sind. Hierzu drei Beispiele: 2016 stellte der Umweltminister Japans fest, dass die jährlichen Solarmodulabfälle in Japan bis 2040 von gegenwärtig 10.000 auf 800.000 Tonnen steigen wird und das Land bisher keine Pläne für eine sichere und effiziente Entsorgung der Abfälle hat.

China als dominierendes Land, das gegenwärtig etwa doppelt so viele Solar-Panels wie die USA aufweist, hat ebenfalls keine Konzepte für die Entsorgung der gesamten Altmodule. Schließlich ist noch der besonders umweltbewusste Staat Kalifornien zu erwähnen, ein weiterer weltweit führender Hersteller von Solarmodulen, der ebenfalls keinen Abfallentsorgungsplan hat (Chowghury 2020, S. 4). Ob alle EU-Mitgliedsstaaten in Zukunft effiziente Recyclingverfahren einsetzen, ist noch nicht abzuschätzen.

Aktuell gibt es verschiedene Methoden des Recyclings, die nur kurz erwähnt werden sollen. Dabei unterscheidet man zwei Recyclingtechnologien, die auf dem Recyclingmarkt dominieren. Weitere Technologien werden aktuell erforscht. Panels, die mit der c-Si-Technologie hergestellt werden, haben den größten Marktanteil. Die Dünnschichttechnologie unter Verwendung der CdTe- oder CIGS-Technologie nimmt das zweitgrößte Marktsegment ein.

Die Recyclingprozesse für c-Si-PV-Panels unterscheiden sich aufgrund ihrer unterschiedlichen Modulstrukturen von jenen, die für Dünnschicht-PV-Panels angewandt werden. Abschließend lässt sich feststellen, dass die Perspektiven von PV im Kontext der Circular Economy somit ganz wesentlich von ihrer Lebensdauer, von der Entwicklung bzw. Verbesserung ihrer Leistungsfähigkeit und von der Effizienz des Recyclings abhängen.

4.3.3 Recycling von Traktionsbatterien

Während die beiden zuvor ausgeführten Bereiche der Bau- und Plastikabfälle etabliert sind, jedoch noch weiter entwickeln werden sollten, ist das Beispiel „Traktionsbatterien" der klimafreundlichen Mobilität zuzuordnen. Somit sind die Wiederverwendung bzw. Entsorgung als Zukunftsfeld zu betrachten. Diese Bereiche sollen daher nur kurz vorgestellt werden. Es ist davon auszugehen, dass unter den heutigen Rahmenbedingungen Elektrofahrzeuge schon nach 50.000 bis 80.000 gefahrenen Kilometern eine bessere Klimabilanz als Fahrzeuge mit herkömmlichen Verbrennungsmotoren haben. In den kommenden Jahren ist zu erwarten, dass die genannte Kilometerzahl noch deutlich gesenkt werden kann.

Entsprechend der Studie „*Ressourcenschonende Batteriekreisläufe – Mit Circular Economy die Elektromobilität antreiben*" (acatech 2020) ist zu erwarten, dass 2030 in Deutschland etwa 7 bis 10 Millionen Elektrofahrzeuge, also Fahrzeuge mit Traktionsbatterien fahren werden. Daher werden die Produktion und die Nachfrage von Lithium-Ionen-(Traktions-)Batterien im Vergleich zu 2018 um den Faktor 14 bis 19 ansteigen. Eine wirkungsvolle Circular Economy kann daher zu einer resilienteren Ökonomie beitragen. Bei einer recyclinggerechten Gestaltung dieses Batterietyps lassen sich verstärkt Sekundärrohstoffe gewinnen.

Das führt im Prinzip zu großen Potenzialen für eine weitere Wertschöpfung. Betrachtet man weiterhin, dass der Verkehrssektor in Deutschland 19 % der CO_2-Emissionen verursacht und diese seit 1990 über ein Drittel gestiegen sind – bei sonst rückläufigen CO_2 Emissionen –, wird die ökologische Relevanz im Rahmen nachhaltiger Entwicklung deutlich (acatech 2020, S. 27). Gleichzeitig sind aber unter Berücksichtigung einer „*Gesamtbilanz nachhaltiger Entwicklung*" auch ökologische und soziale Herausforderungen wie Umweltbelastungen, fragile Arbeitsplatzsicherheit, Menschenrechtsverletzungen besonders beim Abbau der Rohstoffe, bis zum

Recycling verbunden. Ob hier die gesetzlichen Regelungen von Lieferketten zu den gewünschten Veränderungen bzw. Effekten führen, muss in Zukunft geprüft werden.

Auch in diesem Kontext gilt die Maxime der Circular Economy, die Lebensdauer, die Instandsetzung und das Recycling von Traktionsbatterien zu optimieren. Im Rahmen einer Modellrechnung wird deutlich, dass aus den in Deutschland auf den Markt gebrachten Fahrzeugen bis 2030 insgesamt 8.100 Tonnen Lithium, 27.800 Tonnen Kobalt und 25.700 Tonnen Nickel zurückgewonnen werden können. Das entspricht 2030 einem Wert von 1,2 Milliarden Euro und 2050 einem Wert von 13,8 Milliarden Euro. Die CO_2-Emissionen könnten bis 2030 um 36 Millionen Tonnen reduziert werden.

In diesem Zusammenhang wird jedoch festgestellt, dass die gegenwärtigen regulatorischen Maßnahmen und Rahmenbedingungen nicht geeignet sind, um eine produktive Nutzung und effektive Kreislaufführung von wichtigen Batteriematerialien zu fördern (acatech 2020, S. 57). In zunehmendem Maße wird auch das Potenzial eines „second life" von Traktionsbatterien analysiert. Dafür bedarf es jedoch weiterer Forschung und empirischer Erfahrungen, um das technische und wirtschaftliche Potenzial und die dafür notwendigen Voraussetzungen abschätzen zu können.

Ein zirkuläres Produkt- und Materialmanagement von Traktionsbatterien hängt von einer Vielzahl von Akteuren ab. Zu nennen sind unter anderem Zulieferer, Logistiker, Fahrzeughersteller, Nutzerinnen und Nutzer und Reparatur- und Recyclingbetriebe. Daher ist es im Kontext der Circular Economy wichtig, eine gemeinsame Initiierung von Standards zum Beispiel für ein *„Design for Circularity"* zu veranlassen und zu etablieren. Weiterhin ist der Aufbau eines europaweiten Netzwerks von leistungsfähigen Demontageanlagen für Traktionsbatterien besonders wichtig. Daher ist auch in diesem Zusammenhang ein fundiertes Grundlagen- und Anwendungswissen im Hochschulsektor der Lehre und Forschung weiter auszubauen und stärker zu fördern.

4.4 Entwicklung und Stand im globalen Süden

Bisher galt die Circular Economy als Agenda der industrialisierten Länder. Daher fanden Entwicklungsländer in diesem Zusammenhang in der wissenschaftlichen Diskussion bisher nur wenig Beachtung. Dabei handelt es sich bei der Circular Economy nicht nur um ein regionales oder nationales Anliegen, sondern ist eine globale Herausforderung, wie einführend schon festgestellt wurde. Die Circular Economy hat, wie schon begründet, Auswirkungen auf den Klimawandel bzw. kann zum Klimaschutz, aber auch zur Erhaltung der Biodiversität beitragen. Weiterhin geht es um die global ausreichende Verfügbarkeit von Ressourcen. Schließlich trägt eine aktive und effektive Circular Economy besonders in Entwicklungsländern zu einer Verbesserung der Lebensqualität der Bevölkerung bei.

Bisher gibt es bei der Entwicklung einer Circular Economy zwischen Industrie- und Entwicklungsländern noch große Unterschiede. Vielfach gibt es in Entwicklungsländern, so wie die Circular Economy bisher inhaltlich abgegrenzt wurde, nur rudimentäre Ansätze. Daher sollten in Entwicklungsländern wirksame Strategien für eine Bewirtschaffung von Abfällen und der Erhaltung bzw. Wiedergewinnung von Ressourcen verstärkt eingeführt werden, um Nachhaltigkeit auf nationaler, aber auch auf globaler Ebene zu fördern.

Hierfür müssen viele Hindernisse überwunden werden. Notwendig sind die Einführung einer effizienten Umweltpolitik, notwendige Investitionen im Sinne der Circular Economy, Einbeziehung der Civil Society und Schaffung eines öffentlichen Bewusstseins, die allesamt von großer Bedeutung für Entwicklungsländer mit niedrigem bis mittlerem Einkommen sind. Für die Einführung einer Circular Economy sollten weiterhin alle Management-Aspekte berücksichtigt werden, wie z.B. technische, ökologische, gesundheitliche, finanzielle, soziale und organisatorische Aspekte, die für eine effektive Nutzerakzeptanz zwingend erforderlich sind. Die Entwicklung einer Circular Economy sollte auch unter Einbeziehung der Bevölkerung stattfinden.

In diesem Kontext wurde ein Modell entwickelt, das die verschiedenen Anforderungen zusammenführt.

Das zentrale Anliegen des Modells ist die Formalisierung der Müllentsorgung, da der hier entstandene informelle Handel durch Müllsammler auf kommunaler Ebene häufig zu einem Problem wurde. Die Müllsammler im informellen Abfallsektor werden oft negativ und teilweise sogar feindselig wahrgenommen. Dabei stellt der informelle Sektor in diesem Kontext die Hauptquelle für kommunales Recycling dar. Er erspart den Kommunen durch eine Verringerung der Abfallmengen erhebliche Ausgaben, die ohne informelle Müllsammler für die Behandlung und Entsorgung aufgebracht werden müssten. Daher wird eine formelle Circular Economy gefordert in die Müllsammler des informellen Sektors integriert werden. Dieses Modell unterscheidet zwei Phasen, die kurz erläutert werden.

Phase I: In vielen Entwicklungsländern gibt es Müllsammler, die unbeauftragt auf Mülldeponien, aus Straßencontainern oder an Flussufern Abfälle sammeln. Daraus bildet sich ein informelles Recyclingsystem, das die Müllsammler für sich beanspruchen. Es ist ein selektives System, bei dem Stoffe gesammelt werden, die von den Müllsammlern veräußert werden können. Damit bestreiten sie ihren Lebensunterhalt, obwohl es verschiedene Risiken wie Gesundheitsgefährdungen beinhaltet (Silva de Souza Lima et al. 2017). Aus diesem Grund wird vielfach gefordert, diese Menschen zu unterstützen, indem sie in die formelle Abfallwirtschaft integriert werden.

Das Modell strebt somit eine Formalisierung dieser Arbeitskräfte an, indem ihnen Pflichten und Rechte zuerkannt werden und damit ihre Arbeit gefördert wird. Hierfür ist ein öffentliches Bewusstsein notwendig, wonach diese Arbeitskräfte einen wichtigen Beitrag zur Verbesserung der ökologischen Entwicklung leisten. Dafür sollten die Müllsammler entlohnt werden, eine gesundheitliche Versorgung erhalten und am Ende ihrer beruflichen Tätigkeit eine Altersunterstützung im Sinne einer Rente erhalten. Dieses Modell ermöglicht auch ein Informationssystem hinsichtlich der Mengen an wiederverwertbaren Materialien.

Phase II: Bei der zweiten Phase geht es um die Einführung einer effizienten, von den Bürgern akzeptierten und mitgetragenen „Selective Collection (SC)." Hierfür reicht die informelle SC nicht aus, da Materialien wie Reifen, Sanitäranlagen und Batterien nicht direkt verwertbar sind und daher wichtige Materialien bei einer nicht ressourcengerechten Entsorgung verloren gehen. Das gilt im Prinzip auch für Elektro- und Elektronikaltgeräte, die gefährliche Materialien enthalten können, so dass die Entsorgung ohne notwendige Vorsichtsmaßnahmen nicht durchgeführt werden sollte. Da bei der Müllsammlung bzw. -sortierung auch häufig Kinder beteiligt sind, besteht hier besonders die Gefahr von gesundheitlichen Schäden (Cesaro et al. 2017).

Das Modell enthält keine Vorgaben oder Methoden zur Müllentsorgung, da es unterschiedliche Verfahrensweisen zur Behandlung der Abfallfraktionen gibt. Für die Verwertung von Elektro- und Elektronikgeräten und Altreifen gibt es Empfehlungen, während Altbatterien zur fachgerechten Entsorgung in entwickelte Länder exportiert werden sollten. Daher geht es in der Phase II ganz wesentlich um die Umsetzung der Ziele, wie sie in der Phase I vorgegeben wurden.

Theoretisch sollten die beiden Phasen parallel eingeführt werden, um eine effektive Circular Economy zu etablieren. Das zweistufige System wurde jedoch aus dem Grund konzipiert, da in Entwicklungsländern in der Regel noch kein formelles Verwertungs- und Recyclingsystem vorhanden ist (Ferronato 2019, S. 370). In diesem Zusammenhang bietet sich für die Umsetzung das Public Private Partnership-Modell an. Public Private Partnership (öffentlich-private Partnerschaften, PPP) sind Kooperationen von Öffentlicher Hand und privater Wirtschaft beim Entwerfen, bei der Planung, Erstellung, Finanzierung, bei dem Management, dem Betreiben und dem Verwerten von zuvor allein in staatlicher Verantwortung erbrachten öffentlichen Leistungen.

In diesem Zusammenhang bestehen im Rahmen der Circular Economy bereits einige erfolgreiche Projekte zwischen Entwicklungs- und Industrieländern. Dennoch gibt es im Kontext der Circular Economy noch viele offene Fragen und ungeklärte Probleme hinsichtlich einer zukünftigen Zusammenarbeit. Das soll am Beispiel der Öko-Design-Maßnahmen der Europäischen Kommission, die zu einer verbesserten Ressourceneffizienz in Europa beitragen sollen, gezeigt werden. Die Design-Maßnahmen haben Auswirkungen weit über die EU-Grenzen hinaus. Um sie für die Entwicklungsländer abschätzen zu können, ist es notwendig, kurz einige Strukturmerkmale der Recycling Economy in Ländern des globalen Südens aufzuzeigen.

In vielen Low Income Countries (LIC) existiert bereits eine Circular Economy, die einen wesentlichen Beitrag zur Wirtschaftsleistung und Beschäftigung leistet. Die verschiedenen Beiträge finden, wie bereits erwähnt, im informellen Sektor statt. In Indien werden beispielsweise bis zu 95 % des Elektroschrotts in den städtischen Slums verarbeitet. So sammeln in Mumbai mehr als 30.000 Müllsammler wiederverwendbare und recycelbare Gegenstände aus dem Abfall und schaffen damit eine Wirtschaftstätigkeit mit einem geschätzten jährlichen Wert zwischen 650 Millionen und 1 Milliarde US-Dollar.

Auch in afrikanischen Landern handelt es sich um einen wichtigen Wirtschaftssektor. So werden beispielsweise in Ghana 80 % elektronischer Altgeräte wieder aufbereitet, während in Nigeria 95 % der Autos aus „zweiter Hand" wiederaufbereitete Gebrauchtwagen sind. Schließlich gibt es in Buenos Aires mehr als 40.000 Müllsammler, deren wirtschaftlicher Beitrag auf 178 Millionen US-Dollar pro Jahr geschätzt wird (Wilson et al. 2017, S. 2). Dabei kann man feststellen, dass die Aufbereitung der aus Industrieländern in Entwicklungsländer exportierten Abfallprodukte zunimmt. Dadurch kommt es auf den ersten Blick tendenziell zu einer Beschäftigungsverlagerung zu Gunsten von LICs. Die durch Circular Economy bedingte globale Beschäftigungsverlagerung bedarf jedoch einer sektoralen Analyse, die vielfach noch aussteht.

Vorliegende Ergebnisse deuten darauf hin, dass die Beschäftigung in Ländern mit niedrigem bis mittlerem Einkommen außerhalb der EU erheblich zurückgehen könnte. Das gilt besonders in der arbeitsintensiven Bekleidungsproduktion. Dagegen könnte die Beschäftigung in den weniger arbeitsintensiven nachgelagerten Bereichen der Wiederverwendung und des Recyclings in der EU sowie im Second-Hand-Handel innerhalb und außerhalb der EU zunehmen.

Aus der Perspektive nachhaltiger Transformation sind die Vor- und Nachteile der Circular Economy offensichtlich ungleich verteilt, wobei die negativen Auswirkungen hauptsächlich von Akteuren außerhalb der EU, d.h. in LICs, zu tragen sind. Danach gilt für globale Beschäftigungsverlagerungen in der Bekleidungswertschöpfungskette: Durch die Circular Economy kommt es in der Bekleidungsproduktion zu Arbeitsplatzabbau, während es bei der Wiederverwendung und beim Recycling zu Arbeitsplatzzuwachs kommt (Repp 2021, S 18 ff.).

Für Entwicklungsländer gibt es weitere relevante Effekte, die bisher noch nicht in ausreichendem Maße analysiert wurden. Daher soll im Folgenden noch aufgezeigt werden, welchen Einfluss die bereits erläuterte Ecodesign Directive der EU für Entwicklungsländer hat. Eine der positiven Effekte könnte sein, dass die Materialströme aus der EU in LICs weiterhin wachsen. Während die Materialströme schon jetzt relativ hoch sind, weisen sie den Nachteil auf, dass sie oft illegal und zudem von geringer Qualität sind.

Eine Verbesserung des Designs besonders bei Elektronik- und Elektrogeräten könnte von minderwertigen Abfällen zu höherwertigen Materialien führen, die wertsteigernd wiederverwendet, repariert oder recycelt werden können. Das könnte sich positiv auf die Produktivität der Beschäftigten im informellen Sektor auswirken. Die Verringerung von Schadstoffen könnte die Handhabung verbessern, was sich positiv auf die Gesundheits-, aber auch auf die Umweltrisiken auswirkt. Ein negativer Effekt könnte sein, dass sich die Ströme an Sekundärmaterialien verringern, da ein wachsender Anteil in den EU-Ländern verbleibt. Werden Produkte so gestaltet, dass sie haltbarer, langlebiger und leichter zu reparieren sind und damit wichtige Anforderungen der Circular Economy erfüllen, ist zu erwarten, dass dies zu einer Reduzierung der Abfallströme in LICs führt. Der Effekt könnte sein, dass der informelle Sektor in diesem Kontext zunehmend verdrängt wird (Nielsen 2014).

Dieser Effekt könnte noch durch eine Zunahme an Leasinggeschäften in EU-Ländern verstärkt werden. Die Erfahrung bei der Wiederaufbereitung von Smartphones zeigt beispielsweise, dass es weniger darum geht, alte Produkte von „reichen zu armen Ländern", sondern von anspruchsvollen zu weniger anspruchsvollen Kunden in Industrieländern zu transferieren. So werden 73 % gebrauchter O2-Handys in Europa weiterverkauft, wodurch es zu einer Expansion des EU-Marktes kommt (Wilson 2017, S. 7).

Abschließend kann festgestellt werden, dass die Auswirkungen des Öko-Designs auf die LICs weitgehend davon abhängen, mit welcher Intensität sie umgesetzt werden. Restriktive Vorschriften könnten sich für LDCs (Least Developed Countries) negativ auswirken. Dies hängt damit zusammen, dass die OEMs (Original Equipment Manufacturers) bzw. Hersteller ein Monopol auf Reparatur und Nachrüstung von Komponenten oder Produkten haben könnten. Dagegen könnten offene Standards, größere Transparenz und klarere Kennzeichnung das Gegenteil bewirken.

Ehrgeizige Designstandards, die beispielsweise zur Verfügbarkeit höherwertiger Kunststoffrecyclate führen, können auch zu höherer Wertschöpfung in Produktionsstätten einiger LDCs beitragen. So können Kreisläufe mit positiver Wirkung entstehen, indem höhere europäische Design-Standards zu einem Mehr an Circular Economy beitragen. Es lässt sich also abschließend feststellen, dass das europäische Öko-Design für LDCs positive Effekte auslöst. Insgesamt gibt es jedoch in diesem Kontext einen großen Bedarf an empirischen Studien, bei denen einzelne Sektoren in LDCs analysiert werden.

5 Konzepte ihrer Umsetzung

Im Rahmen der Circular Economy gibt es unterschiedliche Denkschulen. Dieses Kapitel beschränkt sich auf die Ansätze *Cradle to Cradle* und *Blue Economy*. Sie besitzen unterschiedliche Herangehensweisen, die Circular Economy umzusetzen. Der Cradle-to-Cradle-Ansatz geht von der Vision geschlossener ökologischer und technischer Kreisläufe aus, welche die wirtschaftlichen Strukturen prägen. Der Blue Economy entsprechend werden Unternehmen aufgefordert, ökologische Prinzipien befolgende Herstellungsverfahren für Produkte zu entwickeln: Es geht dabei um die Koevolution zwischen menschlichem Wirtschaften und der Natur. Es sollen lokal vorhandene natürliche Ressourcen genutzt und die Regionalisierung von Wertschöpfungsketten gestärkt werden. Bei den Vertretern der Blue Economy gibt es jedoch einen Dissens zwischen jenen, für die das Paradigma der Green Economy prägend ist, und jenen, die diese Ausrichtung ablehnen.

Hiervon lässt sich noch die Performance Economy abgrenzen, die wesentlich von Strahel geprägt wurde (Strahel et al. 2016, S. 137 ff.). Die Performance Economy unterscheidet sich grundsätzlich von den beiden anderen Konzepten. Da sie bisher nicht die entsprechende Zuwendung wie die beiden anderen Konzepte erfahren hat, wird sie in diesem Kapitel nur kurz erläutert.

5.1 Cradle to Cradle

Das Cradle-to-Cradle-Konzept wurde von Braungart und McDonough entwickelt. Sie stellten es 2002 in ihrem Buch *"Cradle to Cradle: Remaking the Way we making Things"* vor. 1976 wurde die Idee im Rahmen der *"economy of loops"* entwickelt und im *"Product Life Institute Geneve"* umgesetzt. Braungart und McDonough lösen in ihrem Ansatz das plakative Paradigma „*Von der Wiege zur Bahre*" auf. In ihrem Ansatz, der in der Literatur auch oft mit dem Kürzel C2C gekennzeichnet wird, steht das Paradigma „*von der Wiege zur Wiege*" im Mittelpunkt. Ausgangspunkt ist, dass für die Produktion von Gütern der Natur (Biosphäre) biologische Ressourcen und der Technosphäre technische Ressourcen entnommen werden.

Entsprechend der Terminologie von Braungart und McDonough sollen sie als „technische Nährstoffe" in technische Kreisläufe mit gleichbleibender Materialqualität in unendlichen Lebenszyklen eingesetzt werden. Dagegen werden „biologische Nährstoffe" in biologischen Kreisläufen eingesetzt. Die Bedingung ist, dass die biologischen Nährstoffe in ihrer Wirkung unbedenklich, d.h. frei von Giftstoffen und daher nützlich für die Biosphäre sind.

Dabei gilt zu berücksichtigen, dass biologische Nährstoffe oft auch in technischen Kreisläufen eingesetzt werden (v. Hauff 2021, S. 141). In diesem Zusammenhang ist die Unterscheidung zwischen Verbrauchsgütern und Gebrauchsgütern sinnvoll. Gebrauchsgüter zeichnen sich idealtypisch dadurch aus, dass sie als biologische Nährstoffe langfristig und ohne Gefahr zurückgeführt werden können. Gebrauchsgüter können dagegen in geschlossenen Kreisläufen zirkulieren. (Braungart 2014, S. 147)

Daher sollen Produkte so konzipiert bzw. „*designet*" werden, dass sie mit hoher Qualität und mit einer langen Lebensdauer im Konsum- und Produktionssystem zirkulieren, ohne dem Menschen und der Natur zu schaden: Alle Materialien sind chemisch unbedenklich und kreislauffähig. Nur so können sie in der Logik des C2C-Konzeptes am Ende ihrer Nutzungsperiode als Ressourcen in technische oder biologische Kreisläufe zurückgeführt werden (Braungrat, McDonough 2003, S. 135). In einem biologischen Kreislauf zirkulieren beispielsweise Naturfasern, biologisch abbaubare Verpackungen und Essensreste. Sie werden nach ihrem Gebrauch kompostiert, oder es entstehen aus Nährstoffen neue Produkte.

Bei Gebrauchsgütern des technischen Kreislaufs ist eine Voraussetzung, dass schon bei dem Design- und Herstellungsprozess ihre Wiedernutzung bedacht wird und sie so in sortenreine Ausgangsstoffe zerlegt und dem technischen Kreislauf wieder optimal zugefügt werden können. Daher forderten Bakker et al., besonders den Designprozess auch in der Ausbildung stärker zu fördern (Bakker et al. 2009). Kopnina geht einen Schritt weiter und hält es für besonders wichtig, die Anwendbarkeit von zirkulären Rahmenwerken auf reale Fälle zu vermitteln.

> *"The students learn from 'bad' or 'mixed' examples that the challenge of circular production is not easy to overcome, but that opportunities are present."* (Kopnina 2018, S. 126)

Der Anspruch ist, dass die Qualität der Rezyklate verbessert wird, bzw. sie sich zumindest nicht verschlechtert. Beispielsweise sind hier Elektronikartikel, aber auch viele Metallartikel wie Fahrräder oder auch Photovoltaik-Anlagen zu nennen. Braungart vergleicht Gebrauchsgüter mit einem Dienstleistungskonzept. Dabei bleiben die Produzenten im Besitz des Materials, indem Kunden wie in einem „*Öko-Leasing*" die Materialien am Ende der Nutzung von Produkten wieder zurückgeben. Damit tragen die Kunden keine Verantwortung für die Kreislaufführung bzw. Wiederverwertung. Andererseits profitieren die Produzenten, indem sie das Eigentum an wertvollen Materialien behalten (v. Hauff 2021, S. 141).

Beide Kreisläufe werden graphisch im Butterfly-Diagramm (Abb. 8) dargestellt. Das C2C-Konzept fordert weiterhin die ausschließliche Nutzung erneuerbarer Energie. Dabei geht es um Sonnenenergie im weiteren Sinne. Das bedeutet, dass durch Thermik entstehende Wind- und Wasserkräfte zur Energiegewinnung genutzt werden. Weiterhin sollen gesunde und sichere Regionen und Lebensräume mit sauberem Wasser und sauberer Luft angestrebt werden. Schließlich strebt

> „C2C bei der Gestaltung der Arbeitsbedingungen die höchstmöglichen Standards an, und zwar in der gesamten Wertschöpfungskette. Die Achtung der Menschenrechte sowie weitere Kriterien wie Zwangsarbeit und Arbeitsschutz" haben einen hohen Stellenwert (OmniCert-Umweltgutachten 2021).

Die einzelnen Materialstufen und die inneren Kreisläufe der beiden Teildiagramme sind weitgehend identisch. Dagegen unterscheidet sich die Kreislaufschließung: Das Konzept des C2C verursacht weder Abfall noch Umweltverschmutzung. Dagegen schließt die Circular Economy geringe Abfälle nicht grundsätzlich aus. Um einen Wandel hin zu einer Kreislaufwirtschaft zu vollziehen, ist es wichtig, dass Unternehmen erfolgreiche Maßnahmen wie C2C-Praktiken umsetzen, die zu Produkten und Dienstleistungen führen, die einen positiven Beitrag zur Umwelt leisten. Basierend auf den Antworten von 72 C2C-zertifizierten Unternehmen aus einer Online-Befragung haben Drabe und Herstatt herausgefunden, welche Faktoren den größten Einfluss auf eine erfolgreiche C2C-Implementierung haben.

Die Ergebnisse zeigen einen signifikanten Einfluss der Übereinstimmung mit der Unternehmensphilosophie, der Zusammenarbeit mit dem Zertifizierungspartner und des Erfolgs des neuen Produkts auf die Gesamtzufriedenheit des Unternehmens. Dagegen hat die aus dem Wettbewerbsdruck resultierende Motivation einen signifikant negativen Effekt. Daher kommen die Autoren zu dem Schluss, dass die genannten Faktoren für eine Umstellung auf die Kreislaufwirtschaft von entscheidender Bedeutung sind und durch geeignete Managementpraktiken angestrebt werden sollten. Dabei geht es z.B. um die Gewährleistung einer besseren Abstimmung des geplanten CE-Konzepts mit der Unternehmensphilosophie (Drabe, Herstatt 2016).

Die Zertifizierung erfolgt durch das *Non-Profit Institute*, das seit 2010 den Produktstandard *„Cradle to Cradle Certified^{TM}"* verleiht. Dabei durchlaufen Entwickler und Hersteller einen kontinuierlichen Verbesserungsprozess. Zunächst führen qualifizierte unabhängige Organisationen die Produktbewertung durch. Jedes Produkt wird nach einem ganzheitlichen Zertifizierungsansatz, der aus fünf abgestuften Qualitätskategorien besteht, bewertet. Jede Kategorie erhält eine eigene Leistungsbewertung.

- **Material Health:** ensuring materials are safe for humans and the environment;
- **Product Circularity:** enabling a circular economy through regenerative products and process design;
- **Clean Air & Climate Protection:** protecting clean air, promoting renewable energy, and reducing harmful emissions;
- **Water & Soil Stewardship:** safeguarding clean water and healthy soils;

- **Social Fairness:** respecting human rights and contributing to a fair and equitable society.

Danach werden die Bewertungen von dem *„Cradle to Cradle Products Innovation Institute"* geprüft und die „Cradle to Cradle™"-Lizenzen zugeteilt. Bis Oktober 2020 wurden etwa 11.000 C2C-Certified™ beispielsweise im Baubereich, in der Textilindustrie, der Möbelindustrie, der Kosmetik und anderen Bereichen der Konsumgüterindustrie vergeben. Es besteht jedoch Konsens, dass es noch große, bisher ungenutzte Potenziale gibt. Ein wesentliches Problem ist, dass es bei Produkten häufig noch an einem *„Cradle-to-Cradle-Design"* mangelt. Hingegen begründen sich die noch geringen Recyclingquoten oft durch die hohen energetischen Kosten des Recyclings bzw. durch die geringen Marktpreise für recycelte Materialien. Sie sind oft höher als die Preise für neue vergleichbare Ressourcen.

Das gilt besonders für die Sekundärrohstoffgewinnung, bei der die Rohstoffe nur in geringer Konzentration vorliegen. Dabei gilt zu beachten, dass zusätzliche Energie für Recyclingprozesse Externalitäten hervorrufen (Weber et al. 2019, S. 14). Es ist somit davon auszugehen, dass eine absolut geschlossene Kreislaufführung von allen Rohstoffen und Produkten thermodynamisch nicht realisierbar ist. Insgesamt ist hierbei der Stand der Technik von zentraler Bedeutung. Im Rahmen von Fallstudien konnte gezeigt werden, wie schwierig es ist, neue, recycelte oder gemischte Materialien durch solche zu ersetzen, die unendlich oft wiederverwertet werden können.

> *"Thus, while reduction of virgin materials may be possible, the ideal circularity seems questionable."*

Daher besteht die Gefahr,

> *"that clever green marketing circumvents a major breakthrough in decoupling production from resource consumption resulting in rebound effect."* (Kopnina 2018, S. 126)

5.2 Blue Economy

Die Mehrzahl der Vertreter der Blue Economy orientieren sich am Paradigma der Green Economy. Diese war das Leitprinzip der Rio+20-Konferenz 2002. Die Namensänderung in Blue Economy begründet sich aus einer Initiative der *"Small Island Developing States (SIDS)"*. Sie betonten die Bedeutung des Ozeans für ihre weitere Existenz und haben die Green Economy in Blue Economy umbenannt. Die inhaltliche Begründung der Blue Economy erfolgte jedoch ganz wesentlich durch den belgischen Unternehmer Gunter Pauli, der in seinem Buch den Begriff der Blue Economy übernahm. Dabei stellte er das Paradigma der Green Economy infrage, indem er feststellte, dass sie Investitionen der Industrie erfordere und dadurch zusätzliche Kosten für die Verbraucher verursache. Dies könne einen wirtschaftlichen Abschwung auslösen oder verstärken. Seine Position lässt sich durch folgendes Beispiel verdeutlichen (v. Hauff 2021, S. 140):

> *„Pauli errichtete 1992 die erste Seifenfabrik, die keine CO_2-Emissionen verursachte. Für die Produktion wurde Palmöl verwendet. Das Palmöl stammte von einer Palmöl-Plantage, die nach der Abholzung von Regenwald angepflanzt wurde. Dadurch wurde Pauli bewusst, dass „grün" nicht gleich „nachhaltig" bedeuten muss. Daraus begründete er: Wirtschaft muss grundsätzlich neu gedacht werden. Daraufhin entstand das „Zero Emission Research and Initiative (ZERI)"-Netzwerk, in dem sich Unternehmer und Wissenschaftler weltweit vernetzten. Der Begriff „Blue Economy" wurde 2004 von Pauli mit folgender Bedeutung eingeführt: Blau wie unser Planet, an dessen regionalen Ökosystemen sich eine nachhaltige Wirtschaft orientieren soll."*

Sein Konzept zielt auf eine emissions- und abfallfreie Wirtschaft ab (zero emission and zero waste economy). Dabei soll es nicht zu einer Verringerung, sondern zu einer Optimierung des Einsatzes von Ressourcen kommen. Das setzt zwischen menschlichem Wirtschaften und der Natur eine Koevolution voraus, wobei eine ständige Anpassung an die veränderten Bedingungen der Natur notwendig ist. Barghorn hat dieses Konzept durch zehn idealtypische

Prinzipien konkretisiert, die dann zur Geltung kommen, wenn die Natur nicht überlastet wird. Auf dieser Grundlage lässt sich die Entwicklung der Blue Economy überprüfen (Barghorn 2019):

[1] **Die Natur funktioniert in regionalen Kreisläufen:** In der Natur dient jedes Abfallprodukt einem anderen Lebewesen als Nahrung.

[2] **In der Natur gibt es keinen Mangel:** Mangel ist ein Phänomen des Menschen. Andere Lebewesen können sich aus der Natur versorgen.

[3] **Die Natur passt sich den lokalen Gegebenheiten an:** Der Mensch greift in vielfältiger Weise in die Natur ein, wodurch ihre Anpassungsfähigkeit leidet bzw. zerstört wird.

[4] **Alle haben Anspruch auf die Natur:** Die Natur steht allen Lebewesen gleichberechtigt zur Verfügung.

[5] **In der Natur ist alles verbunden:** In der Landwirtschaft soll das Konzept der natürliche Symbiose Vorbild sein.

[6] **In der Natur ist alles biologisch abbaubar:** Innerhalb eines bestimmten Zeitraums sind alle natürlichen Stoffe abbaubar.

[7] **Die Natur ist als solche effizient:** Auch die Blue Economy kann effizient sein. Entsprechend soll sie nachhaltig, aber auch profitabel sein.

[8] **Die Natur unterliegt einem ständigen Wandel:** Unternehmen müssen sich analog der Natur ständig an neue Rahmenbedingungen anpassen.

[9] **Die Natur zeichnet sich durch Diversität aus:** Die Diversität der Natur, in der jedes Lebewesen eine Aufgabe übernimmt, dient der Blue Economy als Vorbild.

[10] **Von natürlichen Prozessen profitieren viele**: Von einem abgestorbenen Baum profitieren viele Tiere, Mikroorganismen, aber auch andere Bäume in dem Umfeld. Entsprechend sollen von Unternehmen viele gesellschaftliche Akteure profitieren.

Zwischen dem Ansatz von Braungrat und Pauli gibt es jedoch in ihrem Verständnis zur Natur einen grundsätzlichen Gegensatz: Braungrat bezeichnet die Natur als höchst ineffizient, aber effektiv, während Pauli sie als höchst effizient einschätzt. Dieser Gegensatz erklärt sich auch aus der unterschiedlichen Ausrichtung der Circular Economy und der Blue Economy. Während das C2C-Konzept primär auf den Transformationsprozess der Wirtschafts- und Produktionsmuster von Unternehmen in Industrieländern ausgerichtet ist, zielt die Blue Economy primär auf eine Transformation der Landwirtschaft in Entwicklungsländern ab.

Zu den Kosten der Blue Economy stellen Skene und Murray jedoch kritisch fest (2015, S. 208):

> *"The Blue Economy claims: Nature uses physics and biochemistry to build harmoniously functioning whole systems, cascading abundantly, transforming effortlessly, and cycling efficiently without waste or energy loss. This forms the basis for the conclusions that the blue economy will be cheap, because it uses a little energy. This is fundamentaly flawed."*

Es wird zunehmend gefordert, die Beziehung der Blue Economy zu den SDGs aufzuzeigen und in die Agenda 2030 einzuordnen. Dabei stellt sich die Frage, welche Verbindungen zwischen den SDGs und der Blue Economy bestehen bzw. welche Bedeutung die einzelnen SDGs für die Blue Economy haben. So kommen Lee et al. in ihrer Studie zu der Erkenntnis, dass eine ausgeprägte Beziehung zu dem SDG 3 „Good Health and Well-Being" und zu dem SDG 8 „Decent work and Economic Growth" besteht, während zu den SDGs 12 „Responsible Consumption and Production" bzw. SDG 13 „Climate Protection" keine Beziehung bestehe. Sie stellen fest:

> *"Clearly, the concept of the Blue Economy is linked to UN's SDGs with some priorities (SDG 14, 15, 16 and 17)."* (Lee et al. 2020, S. 4)

Dabei handelt es sich um folgende Ziele:

- **SDG 14:** Ozeane, Meere und Meeresressourcen im Sinne einer nachhaltigen Entwicklung entlasten,
- **SDG 15:** Landökosysteme schützen, wiederherstellen und ihre nachhaltige Nutzung fördern, Wälder nachhaltig bewirtschaf-

ten, Wüstenbildung bekämpfen, Verschlechterung von Böden stoppen und umkehren und den Biodiversitätsverlust stoppen,
- **SDG 16:** Friedliche und inklusive Gesellschaften im Sinne einer nachhaltigen Entwicklung fördern, allen Menschen Zugang zur Justiz ermöglichen und effektive, rechenschaftspflichtige und inklusive Institutionen auf allen Ebenen aufbauen,
- **SDG 17:** Maßnahmen der Umsetzung stärken und die globale Partnerschaft für nachhaltige Entwicklung wiederbeleben.

Ihre Ergebnisse zeigen weiter, dass bestimmte SDG-Ziele eng mit der Blue Economy verbunden sind. Bisher ist jedoch unklar, ob die anderen SDGs irrelevant sind, wenn man bedenkt, dass der Schwerpunkt der Blue Economy auf einem integrierten Managementkonzept basiert. Die SDGs sind sektor- und regionenübergreifend, weshalb die Grenzen der Blue Economy nach wie vor unterentwickelt sind. Hierbei geht es also um wichtige Fragen bzw. Probleme für die zukünftige Entwicklung.

In diesem Kontext haben sich einige Autoren besonders auf das SDG 14 konzentriert und zeigen die Relevanz für Meeranrainerstaaten auf.

> *"The attitude of achieving longterm prosperity by a country or a region be fitting the wellbeing of all citizens and the mankind preserving the environment, especially the sea is the basis of the Blue Economy. Blue Economy means the use of sea and the use of its resources for sustainable economic development and the concept is new in Bangladesh and South Asia."* (Bari, Frina 2017, S. 5)

Die Relevanz begründen die Autoren damit, dass die wirtschaftlichen Aktivitäten im Kontext eines Meeres besonders groß sind. Aquakultur, Fischerei, Mineralienabbau, Transport und Tourismus sind einige der seit langem bekannten Geschäftsfelder auf und um das Meer. In dem Maße, wie die Forschung zur „Blue Economy" expandiert und die Weltgemeinschaft zunehmend ihre Bedeutung erkennt, werden weltweit politische Entscheidungsträger und Forschungseinrichtungen, die sich mit Ozean- und Küstenregionen befassen, weitere und verbesserte Analysen der „blauen Wirtschaft" fordern. Besonders in Bezug auf das Management, den Datenzugang, die Überwachung und die Produktentwicklung treffen viele Länder ihre Entscheidungen noch nach ihren eigenen Vorstellungen bzw. Bedürfnissen (Wenhai 2019, S. 1).

Daher wird gefordert, dass alle Unternehmen nach dem Konzept der Blue Economy im Einklang mit dem Meer handeln sollen. Das gilt besonders für große Wirtschaftszweige wie den Schiffbau, die Schifffahrt und das Abwracken von Schiffen, die in diesem Kontext in die Gesamtkonzeption integriert werden müssen. Im Prinzip wird dem Schiffbau eine umweltfreundliche Produktion bestätigt, da keine gasförmigen oder flüssigen Emissionen entstehen. Daher lässt sich die Herstellung von Schiffen in die Blue Economy unter den Bedingungen nachhaltiger Entwicklung einordnen. Aber auch das Abwracken von Schiffen, ein Recyclingprozess, der direkt zur nationalen Entwicklung beiträgt und gleichzeitig die Quelle eines stark nachgefragten Basismetalls schont, lässt sich im Rahmen der Blue Economy gut realisieren.

In ihrer Studie kommen die Autoren daher zu dem Schluss, dass Südasien und besonders Bangladesch über Potenziale und Möglichkeiten zur Umsetzung der Blue Economy verfügen. Hierfür sind jedoch ein starkes politisches Engagement, zahlreiche Forschungsarbeiten, ein gesellschaftliches Bewusstsein und eine Einstellung im positiven Sinne erforderlich, um langfristig nachhaltigen Wohlstand zu erzielen.

Einen weiteren Schwerpunkt sehen Wenhai et al. darin, die globale Verantwortung für das Umweltmanagement in der Tiefsee zu verbessern (Wenhai et al. 2019, S. 12). In diesem Zusammenhang ist es notwendig, die kumulativen Auswirkungen des Menschen und des Klimas auf die Vielfalt der Tiefseetiere und die Gesundheit des Ökosystems von Meeren zu verstehen. Weiterhin müssen die Kontrollen der Belastung durch Mikroplastik in den Weltmeeren verstärkt werden. Das erfordert eine verantwortungsvolle Gemeinschaft für den Schutz der Meeresumwelt und den Aufbau einer qualifizierten Verwaltung, die für den Schutz der Meeresumwelt zuständig ist, d.h. die nachhaltige Entwicklung der Ozeane für die Menschen gewährleistet.

5.3 Performance Economy

Die Performance Economy geht im Prinzip über die beiden anderen Ansätze hinaus. Im Mittelpunkt der Performance Economy steht die funktionale Dienstleistungsgesellschaft, bei der die Bereitstellung von Dienstleistungen im Vordergrund steht und somit der Verkauf von Produkten an Bedeutung verliert. Stahel formuliert die Zielsetzung wie folgt:

> *"The essence of the performance economy lies in producing, selling and managing performance over time ... Stock management lies at the heart of the business model because each flow (repair or stock loss) represents a cost."* (Stahel 2016, S. 148)

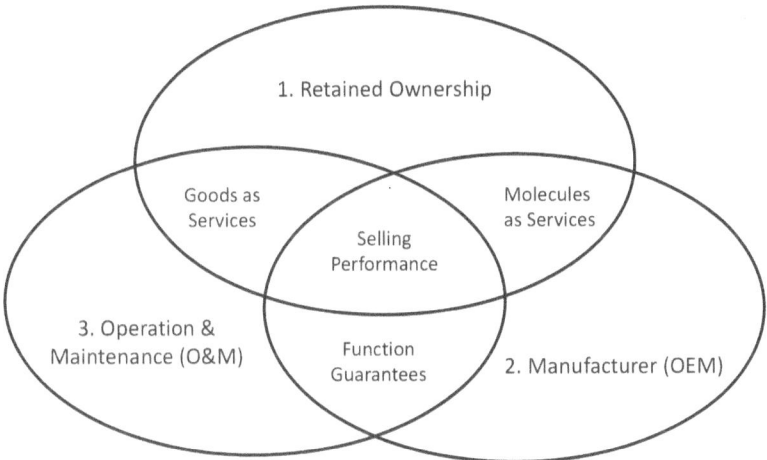

Quelle: In Anlehnung an Stahel, Clift 2016, S. 149
Abb. 13: Geschäftsmodell der Performance Economy

Die Performance Economy stellt idealtypisch auf eine vollständige Verlagerung auf Dienstleistungen ab, weshalb Einnahmen aus der Nutzung von Produkten bzw. Dienstleistungen und nicht aus dem Verkauf von Waren erzielt werden. Das Modell der industriellen Wirtschaft, die in den Industrieländern seit der industriellen Revolution dominiert, ist geeignet, Knappheiten in einer sich entwickelnden Wirtschaft zu überwinden. Die Performance Economy ist dagegen auf Volkswirtschaften anwendbar, die sich in vielen Bereichen der Sättigung nähern, wenn die Mengen neuer Güter, die in Gebrauch genommen werden, ähnlich groß sind wie die Mengen der Güter, die am Ende ihrer Lebensdauer entsorgt werden. Das entspricht dem bisherigen Wirtschaftsmodell der Industrieländer.

Der Verkauf von Dienstleistungen führt zu einer Internalisierung der Kosten für Risiko und Abfall über die gesamte Lebensdauer. Hersteller, die Betrieb und Wartung ihrer Produkte durch Serviceverträge anbieten, geben ihren Kunden damit die Funktionsgarantie, was diesen Sicherheit in Bezug auf die Qualität gibt und die Benutzer ermutigt, die Produkte zu behalten. Es fördert somit die modulare Struktur, um die Aufrüstung anstelle eines völligen Austausches zu erleichtern.

Hierfür ein Beispiel: Hersteller von Aufzügen passen bestehende Aufzüge an, indem sie einzelne Türen durch moderne Doppeltüranlagen ersetzen und damit die Nutzung des Aufzugs erweitern bzw. verbessern.

Ein weiteres Beispiel: Geräte mit Elektromotoren können mit einer Geschwindigkeitsregelung ausgestattet werden, um die Energieeffizienz zu erhöhen. Das setzt die Gewährleistung der Leistungsüberwachung bzw. Leistungsverbesserung der im Einsatz befindlichen Produkte durch den Hersteller voraus. Die Performance Economy führt somit zu einer Dezentralisierung und einer stärkeren Lokalisierung der Wirtschaftsaktivitäten, als es bei der bisherigen Struktur der Industriewirtschaft der Fall ist. Bei immobilen Gütern wie Infrastruktur oder Gebäuden lässt sich die Verlängerung der Nutzungsdauer durch mobile Arbeitskräfte bzw. mobile Werkstätten realisieren.

Die Performance Economy hat durch vielfältige Weiterentwicklungen an Bedeutung gewonnen. So kann in diesen Kontext auch die

Sharing Economy weitgehend in die Performance Economy eingeordnet werden. Aber auch Leasingverträge haben vielfach einen konkreten Bezug zu dem Modell der Performance Economy. In welchem Maße Konsumenten sie in Zukunft noch stärker nachfragen, ist bisher nicht klar abzuschätzen. In jedem Fall besteht noch ein großes Potenzial.

6 Umsetzung der Circular Economy

Die bisherigen Kapitel haben die Grundlagen und die Relevanz der Circular Economy vermittelt. Darauf aufbauend wendet sich dieses Kapitel den Maßnahmen und deren Ausgestaltung für die Umsetzung zu. Eine wichtige Voraussetzung ist ein gemeinsames Zielbild für eine Circular-Economy-Strategie, das für Deutschland vom Umweltbundesamt entwickelt wird. Im Juni 2021 hat bereits die Circular Economy Initiative Deutschland (CEID) ein Zielbild formuliert, das wichtige Anregungen für eine nationale Circular-Economy-Strategie aufzeigt:

> *„Eine systematisch gedachte und nachhaltige Circular Economy trägt umfassend zu dem EU-Ziel von Netto-Null-Treibhausgas-Emissionen bis 2050 bei und ermöglicht eine absolute Entkopplung des Wirtschaftswachstums vom Ressourcenverbrauch. Sie stellt die Einhaltung der Grenzen und der Nachhaltigkeitsziele sicher und trägt durch Kollaborateure, unternehmensübergreifende Wertschöpfung und Innovation zur Steigerung der Lebensqualität und Sicherung eines gerechten Wohlstands bei."* (acatech 2021, S. 7)

Für die Ausgestaltung der hierfür notwendigen Maßnahmen bzw. politischen Instrumente gibt es methodisch unterschiedliche Herangehensweisen. Eine Möglichkeit besteht darin, Wissensdefizite und Handlungsschwerpunkte für den Transformationsprozess zu einer Circular Economy zu identifizieren. Hierzu gibt es in der Gesellschaft, aber auch in der Politik und auch in der Lehre an Hochschulen noch einen großen Bedarf.

Ein Beispiel: Es besteht Konsens, dass biobasierten Materialien und Biokraftstoffen in der Circular Economy im Prinzip eine große Bedeutung zukommt. Bei der Bewertung der Umweltauswirkungen von Biokraftstoffen und Biomaterialien oder auch verschiedenen Arten von Ökoeffizienz-Initiativen sind jedoch noch viele ungelöste methodische Fragen unbeantwortet. In der Studie von acatech werden in diesem Kontext zehn Handlungsschwerpunkte genannt (acatech 2021, S. 66 ff.). Die folgenden Ausführungen orientieren sich an der Systematisierung von Weber und Stuchtey, die Maßnahmen in vier Kategorien untergliedern (Weber, Stuchtey 2019, S. 46):

- strukturelle Maßnahmen,
- ordnungsrechtliche Maßnahmen,
- ökonomische Maßnahmen,
- kommunikative Maßnahmen.

Hiervon sind Maßnahmen, die Konsumenten als Beitrag zu einer Circular Economy zu erfüllen haben, abzugrenzen. Sie werden im Anschluss an die vier Kategorien erläutert. Bei den vier Kategorien ist davon auszugehen, dass Selbstverpflichtungen nur bedingt dazu beitragen, vorgegebene Ziele zu erreichen. Daher kommen dem Staat bzw. der Politik für die Umsetzung der Transformation eine führende Funktion zu. Es müssen vielmehr verbindliche Rahmenbedingungen vorgegeben werden, die zu einer Förderung der Umstellung zur Circular Economy beitragen und marktbedingte Hindernisse regulieren. Dabei geht es nicht primär um Entbehrungen, wie in dem „Circularity Gap Report 2021" festgestellt wird:

> *"A circular economy can satisfy societal needs and wants by doing more with less. We need materials to fuel our lifestyles; this produces emissions. However, the circular economy ensures that with less material input and fewer emissions, we can still deliver the same, or better output. Through smart strategies and reduced material consumption, we find that the circular economy has the power to shrink global GHG emissions by 39 % and cut virgin resource use by 28 %."* (Circle Economy 2021, S. 8)

6.1 Maßnahmen der vier Kategorien

Die Maßnahmen der vier Kategorien werden getrennt vorgestellt. Dabei sollte jedoch berücksichtigt werden, dass sie eine komplementäre Beziehung haben und nur in ihrer Gesamtheit einen wesentlichen Beitrag zur Circular Economy beitragen.

6.1.1 Strukturelle Maßnahmen

Ein erfolgreicher Transformationsprozess erfordert im Rahmen der Circular Economy national, aber auch global gleiche Wettbewerbsbedingungen. Das setzt klare inhaltliche Abgrenzungen sowie die Ausarbeitung und Etablierung gemeinsamer verbindlicher Standards auf nationaler Ebene, auf der Ebene der EU und auf globaler Ebene voraus. So könnte beispielsweise durch eine international übergreifende Abfallgesetzgebung das Ende des Lebenszyklus von Produkten in Abgrenzung zur Festlegung von Abfällen geregelt werden.

Dadurch könnte vermieden werden, dass gebrauchte, aber wiederverwendbare, reparierbare oder instandsetzbare Produkte nicht den Status von Abfall erhalten, wodurch das Abfallaufkommen deutlich reduziert werden könnte. Gemeinsame Standards sind aber auch für den Zustand gebrauchter oder wiederaufbereiteter Produkte und Rezyclaten von Relevanz. Die Politik sollte weiterhin Vorgaben für Rezyclat-Anteile unter Berücksichtigung der Rezyclat-Herkunft und -Qualität bei Endprodukten vornehmen. Dort, wo technisch möglich, sollte ökologisch sinnvoll und ökonomisch verträglich ein Mindestanteil recycelter Bestandteile in Produkten festgeschrieben werden. Dabei könnten Recyclingquoten mit den Recyclingqualitäten gekoppelt werden.

Schließlich sollte noch eine einheitliche Produktbewertung hinsichtlich ihrer Reparierbarkeit festgelegt werden. Daraus wird deutlich, dass durch die verbindliche Festlegung von Standards und Quoten auch bei der öffentlichen Beschaffung die Circular Economy einen wesentlichen Impuls erhalten könnte (EC 2018, S. 7). Die konsistente Zusammenführung der verschiedenen Maßnahmen weist einen hohen Grad an Komplexität auf, der wissenschaftlich begleitet werden sollte. Hierzu gibt es noch ein großes Potenzial an Forschungsaktivitäten. Ein weiterer Bedarf besteht bei dem Ausbau des Informationsbereichs für Wieder- und Weiterverwendung von Produkten und dem Recycling, was nicht nur national, sondern auf EU-Ebene angestrebt werden sollte.

6.1.2 Ordnungspolitische Maßnahmen

Die rechtliche Verantwortung der Akteure entlang des Produktlebenszyklus wird im Rahmen der ordnungsrechtlichen Maßnahmen zur Umsetzung der Circular Economy festgelegt. Dabei geht es um gesetzliche Vorschriften, Verordnungen oder verpflichtende Standards. Das erfordert für die erfolgreiche Umsetzung des Circular-Economy-Konzepts sowohl auf nationaler als auch auf EU-Ebene eine kohärente Produktpolitik. Hierzu gehört u.a. die erweiterte Produzentenverantwortung (extended producer resposibility – EPR). Die erweiterte Produzenten- oder Herstellerverantwortung zielt darauf ab, dass die Hersteller und Inverkehrbringer von Produkten im europäischen Raum die Verantwortung für die Rücknahme, den Transport und die Entsorgung oder Wiederaufbereitung haben.

Damit soll die Umweltbelastung über den gesamten Produktlebenszyklus so gering wie möglich gehalten werden. Die EPR gilt für Produzenten z.B. von Textilien, Bekleidung und Schuhen, aber auch für Batterien und elektrische bzw. elektronische Geräte. Sie gilt zudem auch für Hersteller und Inverkehrbringer von Verpackungen. Unternehmen werden von der EU verpflichtet, die Verantwortung für eine fachgerechte Sammlung, Sortierung und Entsorgung bzw. das Recycling ihrer Produkte und Verpackungen zu übernehmen.

Es gibt jedoch schon Ansätze, die bereits bei dem Design eines Produktes und seiner Verpackung beginnen. Das gilt z.B. für die Verwendung von receltem oder recyclingfähigen Material oder der Wiederaufbereitung und einer hohen Reparaturfähigkeit. Die Vorgaben der EU müssen von jedem Mitgliedsland in nationale Gesetze umgesetzt werden. Das ist jedoch für die Hersteller und Inverkehrbringer von Waren und Verpackungen oft ein komplizierter Prozess. Daher wählen sie oft folgenden Weg:

„In Deutschland kommen Hersteller und Inverkehrbringer von Verpackungen der erweiterten Verantwortung nach, indem sie sich über die Verpackungslizensierung an einem dualen System beteiligen. Dies gilt sowohl für große Konzerne als auch für Klein-

unternehmer, die nur wenige Produkte mit Verpackungen im Jahr vertreiben." (zmart 2022, S. 2)

Die deutsche Regelung vereinfacht diesen Prozess. Das ist daher ein wichtiger Beitrag für die Entwicklung einer Circular Economy. Dabei gilt jedoch zu berücksichtigen, dass die Mülltrennung der Verbraucherinnen und Verbraucher im Rahmen des dualen Systems noch Verbesserungspotenziale aufweist. Es ist positiv festzustellen, dass ein EPR ein Feedback zwischen dem Produkt-Design und dem End-of-Life-Management ermöglicht. Dabei ist es notwendig, Anreize zur Integration von Langlebigkeit, Reproduzierbarkeit und Rezyklierbarkeit zu schaffen. Eine Voraussetzung hierbei sind interpretationsfreie Regelungen und klare Verantwortlichkeiten für die Umsetzung, Kontrolle und den Vollzug (Bartnik et al. 2018, S. 123).

Dabei gilt jedoch zu berücksichtigen, dass neue Geschäftsmodelle wie Leasing oder Sharing neue Eigentumsverhältnisse voraussetzen. Sie müssen im Rahmen eines Dialogs mit allen beteiligten Akteuren transparent ausgehandelt und die notwendige Haftung muss geklärt werden (acatec 2021). Insgesamt bietet EPR auch auf globaler Ebene die Möglichkeit, hohe Abfallaufkommen zu verringern und damit auch die Entsorgungsstandards international anzupassen. Das wäre global ein wichtiger Beitrag zur Circular Economy.

Die ordnungsrechtlichen Maßnahmen weisen noch viele Potenziale der Weiterentwicklung auf, wie beispielsweise das Ressourceneffizienzprogramm. So bietet das ProgRess III bisher überwiegend nur Denkstöße und freiwillige Maßnahmen und Anreize. Sie führten bisher jedoch nicht in ausreichendem Maße zu den notwendigen Wirkungen für einen Umsetzungsprozess in eine Circular Economy. Daher sind im Rahmen des Programms verbindliche Ziele und konkrete Maßnahmen und ein Monitoringsystem zur Kontrolle der Zielvorgaben bzw. -erreichung notwendig.

Eine Weiterentwicklung bietet auch die Öko-Design-Richtlinie. Die Produzenten besonders von energieintensiven Produkten sollten bereits bei der Konstruktion der Produkte verpflichtet werden, den Energieverbrauch und die Umweltbelastungen der Produkte aufzuzeigen und zu reduzieren. Dieses Instrument, das teilweise schon positive Wirkungen erzielte, sollte für alle Produktgruppen verbindlich eingeführt werden (Fraunhofer Umsicht 2017, S. 122).

Abschließend wird noch kurz die Weiterentwicklung des Programms für nachhaltigen Konsum thematisiert. Marktwirtschaftliche Systeme weisen nach Auffassung von Wachstumskritikern einen regelrechten Zwang auf, ein immer höheres Niveau von Verbrauchsgütern zu produzieren und Konsumenten zu stimulieren, diese auch nachzufragen (Jackson 2017, S. 4). Dabei werden vielfach auch ökologische Anforderungen, die an einen nachhaltigen Konsum gestellt werden, vernachlässigt.

Auf globaler Ebene ist das Sustainable Development Goal 12 der Agenda 2030 zu nennen, in dem nachhaltige Konsum- und Produktionsmuster gefordert werden. Die Relevanz dieses Ziels lässt sich durch wenige Zahlen verdeutlichen. Entsprechend der FAO werden jährlich global 1,3 Milliarden Tonnen verzehrbare Lebensmittel entsorgt. In Deutschland sind dies 18 Millionen Tonnen. Das entspricht etwa einem Drittel des Nahrungsmittelverbrauchs von 54,5 Millionen Tonnen. Die Verringerung von entsorgten Lebensmitteln könnte die Produktion deutlich senken, was ein bedeutender Beitrag für den Klimaschutz wäre.

Die Instrumente für nachhaltigen Konsum lassen sich im Wesentlichen in

- ordnungsrechtliche Instrumente wie Umweltqualitätsstandards,
- Emissionsbegrenzungen,
- Bewilligungspflichten und haftungsrechtliche Vorschriften und
- ökonomische Instrumente

unterscheiden. Zu nennen sind u.a. Subventionen, punktuelle Anreize, Gebühren und verwandte Abgaben und Pfandsysteme (Einrichtung von Märkten). Dabei geht es auch in diesem Kontext grundsätzlich um die zirkulären Strategien Rethink/Redesign, Repair, Reuse and Remanufacturing.

Die ökonomischen Instrumente haben noch ein relativ großes Potenzial hinsichtlich ihres Einsatzes. Nachhaltiger Konsum lässt sich aber auch durch eine umweltgerechte Produktgestaltung (Öko-

Design) fördern, wobei es auch hier noch ein großes Potenzial gibt. Zu nennen sind beispielsweise die Herstellung von Produkten für den Konsum nach der Methode Cradle to Cradle, wonach – wie schon erläutert – ausrangierte Produkte in nützliche neue Produkte umgewandelt werden. Beispielhaft sind Kleidung und Teppichböden zu nennen (Fischer, v. Hauff, 2017, S. 27).

Der Staatssekretärsausschuss für nachhaltige Entwicklung hat das Thema des nachhaltigen Konsums in einem gleichlautenden Beschluss aufgegriffen und Möglichkeiten zur Umsetzung aufgezeigt. Dabei wurde auch die Einrichtung einer interministeriellen Ressort-Arbeitsgruppe „Nachhaltiger Konsum" gefordert. Das *„Nationale Programm für nachhaltigen Konsum"* ist auf nationaler Ebene ein wichtiger Meilenstein.

Das Programm wurde im Februar 2016 vom Bundeskabinett beschlossen und soll „sowohl bestehende Aktivitäten zur Förderung nachhaltiger Konsumweisen stärken als auch neue Maßnahmen initiieren." (BMU 2019, S. 2) Dabei werden relevante Handlungsfelder wie Mobilität, Ernährung, Wohnen und Haushalt, aber auch übergreifende Handlungsbereiche wie Bildung, Verbraucherinformation und Öko-Design aufgelistet. Die Umsetzung wird u.a. von einem Kompetenzzentrum, das beim Umweltbundesamt eingerichtet wurde, unterstützt (Fischer, v. Hauff 2017, S. 37).

Es gibt jedoch einen breiten Konsens, dass die Umsetzung nachhaltigen Konsums noch ein großes Potenzial aufweist. Ein wesentlicher Grund hierfür ist, dass die steigenden Ansprüche der Konsumenten Effizienzgewinne vielfach zunichtemachen (siehe hierzu auch Kapitel 7). Ein typisches Beispiel ist die ständig wachsende Wohnfläche pro Kopf. Aber auch auf internationaler Ebene gibt es vielfältige Beispiele für einen nicht-nachhaltigen Konsum. So kommt eine international vergleichende Studie zu der Erkenntnis, dass im Bereich des Klimaschutzes und des nachhaltigen Konsums die OECD-Länder noch weit von den Zusagen ihrer Regierungen entfernt sind. Hinzu kommt, dass die Konsummuster der Industrieländer externe Kosten in Drittländern verursachen, wie am Beispiel der hohen Nachfrage an Palmöl und Soja verdeutlicht werden kann, wodurch die Waldrodung in den Tropen gefördert wird.

6.1.3 Ökonomische Maßnahmen

Für die Umsetzung der Circular Economy gibt es vielfältige ökonomische Maßnahmen und Anreize. Sie lassen sich in Maßnahmen finanzieller Förderung oder in den Abbau ökonomischer Hemmnisse differenzieren. Zu den Maßnahmen finanzieller Unterstützung ist beispielsweise die Förderung von Pilotprojekten und von Forschung und Entwicklung zu nennen. Im Rahmen der ökonomischen Barrieren ist z.B. der Abbau umweltschädlicher Subventionen zu nennen. Die dadurch resultierenden Mehreinnahmen könnten Unternehmen für Investionen in Circular-Economy-relevante Bereiche zur Verfügung gestellt werden. Eine wichtige und umfangreiche Maßnahme für die Neuausrichtung finanzieller Anreize ist der Umbau des Steuersystems:

> *„Der nationale Gesetzgeber sollte die Grundlage für eine Neuausrichtung der finanziellen Anreize insbesondere im Steuersystem schaffen, die Steuerlast von Arbeit auf die Nutzung natürlicher Ressourcen und negativer externer Realitäten zu verlagern und dadurch Anreize für die Circular-Economy-Transformation zu schaffen. Diese Punkte sind auf EU-Ebene mit den anderen Mitgliedsstaaten abzustimmen."* (acatech 2021, S. 70)

Diese Neuausrichtung wird im Kontext einer ökologischen Steuerreform diskutiert. Eine zentrale Forderung ist, die Steuerlast (über 60 % des Gesamtsteueraufkommens) verstärkt vom Faktor Arbeit auf den Rohstoff- und den Umweltverbrauch zu transferieren. Dadurch könnte eine Verteuerung der Primärrohstoffe im Vergleich zu recycelten Sekundärrohstoffen erreicht werden. Die Folge wären ökonomische Anreize Primärrohstoffe sparsamer bzw. effizienter zu nutzen und den Einsatz recycelter Materialien zu fördern.

Der Deutsche Naturschutzring stellt hierzu fest, dass das Gesamtsteueraufkommen dadurch unverändert bleiben könnte, indem Rohstoffe und fossile Energieträger stärker besteuert werden, während gleichzeitig die Einkommensteuer und/oder die Sozialversicherungsbeiträge gesenkt werden könnten. Eine Umsetzung wäre dann möglich, wenn für Produzenten, aber auch für Konsumenten Anpassungszeiten vorgesehen wären.

„Dadurch werden der Übergang zu einer ressourcenleichteren Dienstleistungsgesellschaft begünstigt und der Druck zur weiteren Rationalisierung vom Faktor Arbeit (also dem Abbau von Arbeitsplätzen) auf die materielle Basis der Produktion verlagert." (DNR 2019, S. 21)

Eine weitere Maßnahme im Rahmen einer ökologischen Steuerreform ist die Senkung des Mehrwertsteuersatzes für besonders ressourceneffiziente Produkte wie energiesparsame Produkte oder Reparaturdienstleistungen. Eine Maßnahme, die schon lange diskutiert wird, ist – wie schon erwähnt –, der Abbau umweltschädlicher Subventionen. Sowohl die Strategie *„Europa 2020"* als auch der *„Fahrplan für ein ressourcenschonendes Europa"* fordert alle Mitgliedsstaaten dazu auf, umweltschädliche Subventionen auslaufen zu lassen. Umweltschädliche Subventionen beliefen sich 2018 in Deutschland auf 65 Milliarden Euro[3], wobei nur die Subventionen des Bundes erfasst wurden. Daher stellt die Summe nur die Untergrenze umweltschädlicher Subventionen dar, die sich auf Umweltgüter wie Wasser, Boden, Luft und Biodiversität negativ auswirken und Kosten verursachen.

Seit der letzten Schätzung 2012 gab es beim Abbau von umweltschädlichen Subventionen nur geringe Fortschritte. Einige Subventionen sind zwar ausgelaufen (etwa die Hilfen für die Steinkohleförderung). Gleichzeitig wurden jedoch neue Subventionen eingeführt. So sind beispielsweise im Verkehr die Subventionen von 2012 bis 2018 von 28,6 auf 30,8 Milliarden Euro gestiegen. Das steht im Widerspruch zur Aufstockung der Förderprogramme und des Umweltschutzes in den vergangenen Jahren.

Fazit: Etwa 90 % der analysierten Subventionen sind klimaschädlich und wirken sich daher häufig negativ auf Luftqualität, Gesundheit und Rohstoffverbrauch aus (Umweltbundesamt 2021, S. 98 ff.).

---

[3] https://www.umweltbundesamt.de/daten/umwelt-wirtschaft/umweltschaedliche-subventionen-in-deutschland

6.1.4 Kommunikative Maßnahmen

Die Transformation zu einer Circular Economy muss in der Gesellschaft auf verschiedenen Ebenen verankert sein. Hierbei ist die Bildung einer der zentralen Bereiche. Es gibt einen großen Konsens, dass es in Bildungseinrichtungen wie Schulen, Berufsschulen und Hochschulen noch einen großen Bedarf gibt, die Lehrinhalte an die Herausforderungen des Transformationsprozesses anzupassen. Hier kommt besonders der Bildungspolitik noch eine große Aufgabe zu. Nur so können sich Unternehmer, Designer, Berater, Ingenieure, Produktentwickler und Wissenschaftler mit der Idee der Circular Economy kommunikativ in die Gesellschaft einbringen und damit das öffentliche Bewusstsein stärken (Weber et al. 2019, S. 47).

Ein ganzheitliches Bildungskonzept erfordert auch die Förderung von transformativem Lernen im Kontext von Circular-Economy-relevanten Bottom-up-Aktivitäten und sozialen Innovationen, wie beispielsweise Reparaturinitiativen, offenen Werkstätten und Prosumer-Initiativen. Ein Transfer der Maßnahmen im globalen Kontext, d.h. im Rahmen internationaler Kooperationen und der Entwicklungszusammenarbeit, ist anzustreben (acatech 2021, S. 69).

Wichtige Maßnahmen für den Transformationsprozess sind Informations- und Aufklärungsmaßnahmen. Gut erkennbare Labels und Etiketten, aber auch Informationskampagnen können nachhaltigen Konsum fördern. So wird oft kritisiert, dass durch eine unzureichende Informationspolitik ProgRess bisher nicht zu der erwarteten Wirkung führte. Daher ist anzustreben, besonders auch das eigene Konsumverhalten kritisch zu reflektieren und Schlussfolgerungen daraus zu ziehen (Jaeger-Erben et al. 2019, S. 20).

6.2 Die Relevanz der Digitalisierung für die Circular Economy

Digitalisierung und die damit verbundene Datenverfügbarkeit sind zentrale Voraussetzungen für eine erfolgreiche Umsetzung des Transformationsprozesses in eine zirkuläre Wirtschaft. Die Maxime lautet: *Keine Circular Economy ohne die notwendigen Daten!* Je umfassender und ausdifferenzierter die Daten zur Verfügung stehen, umso förderlicher ist dies für die Weiterentwicklung der Circular Economy. So eröffnen die Verfügbarkeit von Informationen und die Transparenz, die durch Produktlebenszyklusdaten erzeugt wird, weitreichende Möglichkeiten, die Lebensdauer von Produkten zu verlängern, den Wert während ihrer Lebensdauer zu erhalten und Materialkreisläufe zu schließen. Hierfür sollten die grundlegenden digitalen Technologien, Infrastrukturen und Kompetenzen abrufbar sein. Der Einsatz digitaler Technologien ist jedoch in der unternehmerischen Praxis, besonders in Deutschland, noch stark ausbaufähig.

Dabei sollte jedoch berücksichtigt werden, dass von einer ressourceneffizienteren Circular Economy – wie schon erwähnt – auch erhebliche Beiträge zur Treibhausgasminderung zu erwarten sind. Sie sind für die Klimaneutralität der Industrie unverzichtbar. Studien weisen hierzu ein Potenzial auf, wonach Treibhausgasemissionen der vier CO_2-intensivsten Stoffströme der europäischen Industrie (Stahl, Plastik, Aluminium und Zement) durch Ressourceneffizienz und Kreislaufstrategien bis zum Jahr 2050 sich bis zu 60 % senken lassen (Ramesohl et al. 2022, S. 9).

Es ist festzustellen, dass Recycling wichtig ist, das Problem jedoch alleine nicht lösen kann. Entscheidend hierfür ist, dass die noch großen ungenutzten Transformationspotenziale der Digitalisierung zur Wirkung gebracht werden. Dabei gilt zu berücksichtigen, dass

> *"digital solutions are not actively developed to benefit the circular economy. Policies and investments have been slow to encourage purpose-driven digitalization, where the use of data and development of digital solutions would be geared toward achieving a circular economy."* (Hedberg et al. 2021, S. 784)

Aufgrund mangelnder Rahmenbedingungen und Kenntnisse, aber auch Fähigkeiten, sind viele Unternehmen noch nicht in ausreichendem Maße in der Lage, ihre Unternehmen umzustrukturieren, um von der Digitalisierung optimal zu profitieren. Ohne eine qualifizierte Anleitung und ohne Anreize wird das Potenzial der Digitalisierung für den nachhaltigen Transformationsprozess nicht ausgeschöpft. So stellt die Europäische Kommission fest, dass Deutschland beim *Digital Economy and Society Index*, bei Indikatoren wie Konnektivität, Humankapital, Nutzung von Internetdiensten, Integration digitaler Technologien und digitalen öffentlichen Dienstleistungen nur auf dem 12. Platz der digitalen Wettbewerbsfähigkeit liegt (European Commission 2020, S. 3).

Es besteht also noch ein großes Potenzial digitaler Technologien, die als Treiber für zirkuläre Geschäftsmodelle von Relevanz sind. Hierbei geht es um ‚Internet der Dinge', digitale Zwillinge, digitale Produktpässe, Online-Plattformen, Blockchain-Technologie, Big Data und Künstliche Intelligenz, die für die Umsetzung der Circular Economy eine große Bedeutung haben können (acatech 2021b, S. 59). Mit Hilfe digitaler Technologien kann die Informationslücke geschlossen werden die gegenwärtig noch oft verhindert, dass zirkuläre Strategien angenommen werden und effektiv zur Wirkung kommen. Digitale Technologien können bei Produkten, aber auch bei Komponenten und Materialien angewendet werden.

Für viele Maßnahmen und Strategien ist es relevant, die physischen Stoffströme mit digitalen Datenströmen zu verbinden, was sich für Produktionsprozesse bzw. Produkte sehr differenziert darstellt. Somit lässt sich feststellen, dass die Digitalisierung die Grundlage für eine umfassende und erfolgreiche Circular Economy ist. Dabei geht es um vier Funktionsbereiche (Ramesohl et al. 2022, S. 12):

- Daten erfassen und vernetzen,
- Daten zusammenführen und teilen,
- Daten authentifizieren,
- Daten analysieren.

In diesem Zusammenhang ist positiv anzumerken, dass die EU einen gemeinsamen europäischen Datenraum für Circular Economy plant, der den Informationstransfer verbessern und die Einführung digitaler Instrumente wie digitale Produktpässe fördern soll. Hierbei handelt es sich um eine ambitionierte, jedoch hochrelevante Initiative, um die aktuellen Herausforderungen bzw. Defizite hinsichtlich einer gemeinsamen Nutzung von Daten und Informationen zu überwinden. Da viele Wertschöpfungsketten globaler Natur sind, ist auch in diesem Kontext eine vertiefte internationale Zusammenarbeit erstrebenswert.

Es ist jedoch zu berücksichtigen, dass die Digitalisierung auch negative Auswirkungen auf die Umwelt hat. Noch wird uns Menschen der Begriff ‚Digitalisierung' zu geschmeidig als Königsweg in eine nachhaltig wirkende, rundum dienliche Technosphäre angepriesen. Dabei wird kaum berücksichtigt, dass für die Transformation in eine digitalisierte Wirtschaft bzw. Circular Economy enorme Mengen elektrischer Energie bereitgestellt werden müssen. Weiterhin sind erhebliche Mengen an mineralischen Rohstoffen für den Aufbau einer Infrastruktur zur Nutzung digitaler Technologien und der Hardware der Digitalisierung notwendig. Das wird noch zu wenig diskutiert.

Der Bedarf an Metallen wird dann deutlich, wenn man bedenkt, dass in einem Alltagsgerät wie einem Handy 40 unterschiedliche Metalle eingesetzt und funktionalisiert werden. Das sind kleinste Mengen, die sich jedoch bei der Vielzahl der Geräte zu großen Mengen summieren. In vielen Fällen müssen die eingesetzten Metalle, Legierungen oder Metallverbindungen einen sehr hohen Reinheitsgrad aufweisen, was zu einem hohen Energieaufwand führt (Reller 2020, S. 31). Der Abbau und die Weiterverarbeitung von Metallen tragen oft noch zu weiteren Umweltbelastungen bei.

Hierfür ein Beispiel: Die Bereitstellung von Kupfer (die Weltproduktion von Kupfer betrug 2018 21 Millionen Tonnen) und der wachsende Bedarf als Leitermaterial zeigt, dass in naher Zukunft neue Kupferminen eröffnet werden müssen, die zu weiteren externalisierten Kosten für die Menschen der Regionen führen. Für eine Tonne Rohkupfer werden etwa 80 Tonnen Frischwasser gebraucht, es werden 3 Tonnen CO_2 emittiert und es entstehen riesige giftige Halden mit Reststoffen wie Bergbau-Altablagerungen, z.B. Tailings (v. Hauff, Reller 2020, S. 9).

Ähnlich verhält es sich mit der Menge elektrischer Energie, die für die Digitalisierung benötigt wird: 1 Bit, d.h. ein Herzschlag der digitalen Welt, entspricht einem Schaltprozess von 0 nach 1 oder zurück. Die Energie, die für diesen kleinsten Prozessumsatz, d.h. ein Bit aufgebracht und eingesetzt werden muss, beträgt ca. 4.6 J/bit = 4.6 x 10^{-6} J/bit (J = Energieeinheit Joule). Das ist eine sehr kleine Energiemenge. Betrachtet man jedoch die digitalen Geräte weltweit, mit denen Tag und Nacht rund um den Globus digitalisierte Informationen verschickt, empfangen und verarbeitet werden, verwundert es nicht, dass der Stromverbrauch ständig steigt.

> *„Neueste Entwicklungen wie die 4.0-Industrie-Norm, der 5G-Standard für mobiles Internet und Mobiltelefonie, aber auch die rasanten Entwicklungen im Gebiet der Künstlichen Intelligenz werden zur Folge haben, dass noch größere Informationspakete durch den Äther und durch die Netze geschickt werden. Die Digitalisierung ist in all diesen Systemen der Enabler, der die übergeordneten Algorithmen entwickelt und lernfähig gestaltet."* (Reller 2020, S. 29)

Durch die Herstellung, Nutzung und Entsorgung der digitalen Hardware fallen Treibhausgasemissionen an. Nach Schätzungen geht man von 2,1 bis 3,9 % der globalen CO_2-Emissionen aus (Freitag et al. 2020, S. 1). Daher gilt zu berücksichtigen, dass für eine nachhaltige Circular Economy die in allen Lebenszyklusphasen benötigte Energie und Materialien aus erneuerbaren Quellen gewonnen werden müssen. Da erneuerbare Ressourcen nicht unbegrenzt zur Verfügung stehen, müssen Materialien in einer Circular Economy sehr effizient eingesetzt werden, da auch Landnutzung und Kapital beschränkt sind (Färber et al. 2022, S. 71).

Nach einer groben Schätzung kann man pro Person und Jahr von einem Fußabdruck von mindestens 850 kg Treibhausgas ausgehen. Hierzu gilt festzustellen, dass IKT (Informations- und Kommunikationstechnik) durch den technischen Fortschritt immer energieeffizienter werden. Gleichzeitig wächst jedoch der Energieverbrauch, da die Rechnerleistung schneller als die Energieeffizienz steigt. Der Energiebedarf bis zum Jahr 2030 wurde im Rahmen von Hochrechnungen ermittelt, die jedoch zu unterschiedlichen Ergebnissen kamen. Das lässt sich wie folgt begründen:

> *„Diese Hochrechnungen beruhen auf unterschiedlich gewählten Annahmen zu den jährlichen Verbesserungen der Energieeffizienz von IKT-Systemen, den Trends beim künftigen Wachstum des Internetverkehrs und den künftigen Verbesserungen beim Stromverbrauch pro Datenverkehrseinheit."* (Rat für Digitale Ökologie 2022, S. 10)

Trotz der herausragenden Bedeutung der Digitalisierung im Kontext der Circular Economy sollte der wachsende Energiebedarf gerade im Rahmen einer großen Transformation nicht vernachlässigt werden. Der potenzielle Konflikt zwischen Digitalisierung und Energieverbrauch muss im Sinne nachhaltiger Entwicklung reduziert bzw. vermieden werden. Es besteht somit ein großer politischer Handlungsbedarf, zumal die Dringlichkeit noch zunehmen wird. So ist unklar, ob die Effizienzgewinne, die das enorme Wachstum der Digitalisierung abfedern, in Zukunft beibehalten werden können. Teilweise wird prognostiziert, dass die Effizienzsteigerungen bald ihr Limit erreicht haben und sich ab 2025 verlangsamen (Rat für Digitale Ökologie 2022, S. 31).

Daher fordern Mainzer und Lehmann-Brauns:

"The environmental, economic and societal balance of digital tools and infrastructures, i.e. their ecological, economic and societal effects (Umweltbilanz) in Circular Economy is decisive for successfully implementing a more sustainable economy." (2022, S. 100)

7 Hemmnisse und Grenzen der Circular Economy

Es konnte gezeigt werden, dass die Circular Economy einen wichtigen Beitrag für den Transformationsprozess zu einer nachhaltigen Entwicklung leisten kann und teilweise schon leistet. Es wurde aber auch deutlich, dass die Circular Economy noch große ungenutzte Potenziale aufweist. In diesem Kontext besteht die Gefahr, dass die Circular Economy teilweise idealisiert wird, wodurch mögliche Schwachstellen übersehen und daher nicht kompensiert bzw. ausgeglichen werden. (Zink, Geyer 2017, S. 593 ff.) Eine weitere Gefahr besteht darin, dass sie zu sehr als ein *„engineering system"* ausgelegt wird. Ein Kritikpunkt, der in der Literatur bisher weitgehend übersehen wurde, ist der *„circular economy rebound effect"*, der in dem folgenden Abschnitt exemplarisch vorgestellt wird.

Die Grenzen der Circular Economy werden u.a. auf der Grundlage der Gesetze der Thermodynamik aufgezeigt. Entsprechend dem 2. Hauptsatz der Thermodynamik sind alle spontan ablaufenden Prozesse irreversibel und mit einer Zunahme an Entropie verbunden. Dagegen sieht die idealtypische Circular Economy jedoch einen vollständig reversiblen Kreislaufprozess vor.

7.1 Hemmnisse der Circular Economy

Die Vielzahl und Vielfalt der Hemmnisse werden im Folgenden in allgemeine Hemmnisse und den Rebound-Effekt differenziert und exemplarisch vorgestellt. Zunächst lässt sich feststellen, dass es bei vielen Produkten – wie schon erwähnt – noch keine ausreichende Reparier- und Rezyklierbarkeit gibt. Die Folgen sind zu hohe Kosten bei Reparaturen oder ein zu hoher Energieverbrauch beim Recycling, was ebenfalls zu hohen Kosten führt. Um diese zu verringern oder gar zu vermeiden, ist eine Optimierung des Produkt-Designs entsprechend den Anforderungen der Circular Economy anzustreben.

Ein Problem begründet sich daraus, dass vernetzte Werkstoffe, Verbundwerkstoffe sowie Gemische und Legierungen für bestimmte Funktionen wie hohe Festigkeit bzw. Elastizität von Bauteilen oder ein geringes Gewicht benötigen bzw. genutzt werden. Das beeinträchtigt teilweise die Rückgewinnung von Materialien. Es mangelt an geeigneten Recycling-Technologien, um eine Rückgewinnung z.B. von kritischen Metallen zu ermöglichen (Brüggemann 2019, S. 4). Es besteht somit ein Bedarf, die Rezyclat-Qualität zu verbessern, um die Nachfrage an Sekundärrohstoffen zu erhöhen.

Eine Weiterentwicklung der Prozesse und Technologien zum Recycling ist aber mit einem Anstieg des jeweils spezifischen Energie- und Rohstoffbedarfs oder anderer negativer Umweltwirkungen verbunden. Daher sollte man aus ökologischer Perspektive zum jeweiligen Stand der Technik den optimalen Rückgewinnungsgrad anstreben, bei dem der ökologische Nutzen ein Maximum erreicht. Die absolute ökologische Grenze ist überschritten, wenn der Aufwand zur Erzeugung und Weiterverarbeitung des Sekundärrohstoffs den des Primärrohstoffs überschreitet.

> *„Dies dürfte heute noch vielfach beim rohstofflichen Recycling der Fall sein. In diesen Fällen lässt sich eine Kreislaufführung allerdings mit Erwartung auf eine sich zukünftig verändernde Bewertung und der Notwendigkeit, einen Pfadwesel rechtzeitig einzuschlagen, rechtfertigen."* (Fraunhofer Umsicht 2017, S. 117)

Eine sich ändernde Bewertung zum Vorteil von Sekundärrohstoffen könnte sich dann ergeben, wenn es bei der Sekundärrohstofferzeugung zum Einsatz regenerativer Energie kommt. Es sind aber grundsätzlich die gesamten Kosten des Recyclingprozesses oder auch jene für die Reparatur von Produkten zu berücksichtigen: Sind die Kosten für eine Aufbereitung höher als die Kosten für den Einsatz von Primärmaterialien, ist die ökonomische Grenze erreicht oder gar überschritten.

In dem Kontext der Hemmnisse findet der Rebound-Effekt eine wachsende Bedeutung (Castro et al. 2022). Teilweise wird er auch unter den Grenzen der Circular Economy eingeordnet. Die Gefahr eines Rebound-Effekts wurde in der Umweltökonomie häufig erwähnt oder diskutiert. Der Grundgedanke basiert auf einer Effizienzsteigerung, die zu einer Senkung der Kosten der Produktion und damit in der Regel auch zu einer Senkung der Preise führt. Daraus erklärt sich eine Verhaltensänderung der Konsumenten, die zu einer steigenden Nachfrage führt. Dadurch wird die ursprüngliche Einsparung zumindest teilweise kompensiert oder sogar überkompensiert. Zur Erinnerung: Der nachhaltige Umgang mit Ressourcen wie Energie, Rohstoffen und Wasser erfordert einen effizienten Einsatz. Eine Steigerung der Effizienz führt zu einer Verringerung des Ressourceneinsatzes, was ökologisch und ökonomisch erwünscht ist.

In diesem Kontext unterscheidet man zwischen dem direkten und dem indirekten Rebound-Effekt. Der direkte Rebound-Effekt tritt ein, wenn es bei der Nutzung eines Produktes zu einer unmittelbaren Einsparung von Energie kommt. Dagegen tritt der indirekte Rebound-Effekt ein, wenn beispielsweise bei neueren Pkw-Generationen der Energieverbrauch sinkt und das eingesparte Geld für eine Flugreise in den Urlaub ausgegeben wird (Umweltbundesamt 2019, S. 1).

Die Betrachtung des Rebound-Effektes im Kontext der Circular Economy weist starke Parallelen zur Energiewende auf (Sorrell, Dimitropoulos 2008). Daher lohnt es sich, den Kerngedanken zur Energiewende kurz aufzuzeigen. Die Steigerung der Energieeffizienz ist neben dem Ausbau der erneuerbaren Energie ein zentrales Anliegen der Energiewende. Die Energieeffizienz ist z.B. durch das Verhältnis des Nutzens einer Beleuchtung oder Wärmeerzeugung zum Energieeinsatz gekennzeichnet. Ein Produkt oder ein Produktionsprozess sind umso energieeffizienter, je weniger Energie bei gleichem oder steigendem Output eingesetzt werden muss.

Bei der Größe von Rebound-Effekten gibt es analog zu den Recycling-Quoten große Unterschiede. Ein wesentlicher Faktor für die Größe des Rebound-Effektes ist der Sättigungsgrad bei bestimmten Produkten oder Dienstleistungen. So ist beispielsweise bei Beleuchtungen ein gewisser Sättigungsgrad erreicht, woraus sich ein geringer Rebound-Effekt begründet. Dagegen führt bei vielen Menschen der Wunsch nach mehr Wohnraum auch bei energiesparsamen Beleuchtungen zu einer Kompensation bzw. Überkompensation des Energieverbrauchs. Weiterhin ist der Rebound-Effekt in Ländern mit einem hohen Einkommensniveau wesentlich geringer als in Entwicklungsländern, da beim Konsum ein hoher Nachholbedarf besteht.

Für die Begründung des Rebound-Effekts im Kontext der Circular Economy ist die Unterscheidung in primäre Rohstoffe, also natürliche Ressourcen und sekundäre Rohstoffe, d.h. recycelte Stoffe, notwendig. Das Ziel der Circular Economy ist, den Abbau und die Verarbeitung primärer Rohstoffe zu minimieren und sie durch sekundäre Rohstoffe zu substituieren. Bisher ist jedoch die Substituierbarkeit in der Regel nur bedingt möglich, da die Recyclate von geringerer Qualität als die primären Rohstoffe sind.

Positive Ausnahmen sind Papier und Glas. Papier kann bis zu siebenmal wiederaufbereitet werden. Dabei muss weniger als die Hälfte an Energie aufgewendet werden als bei der Erzeugung von Frischpapier. Bei dem Recycling von Glas werden 30 Prozent weniger Energie verbraucht, und die Wiederaufbereitung weist den Faktor 50 auf. Dagegen sind recycelte Metalle wie Aluminium mit Legierungsstoffen verunreinigt, was ihren Nutzen und Wert verringert (Nakajima et al. 2010).

Daher kommen Zink et al. zu der Erkenntnis, dass sekundäre Rohstoffe zusätzlich zu primären Rohstoffen und nicht anstelle von primären Rohstoffen hergestellt werden und dadurch die potenziellen Vorteile des Recyclings verringert werden. So konkurrieren aufgearbeitete Smartphones, wie schon ausgeführt, selten auf dem gleichen Markt wie Primär-Smartphones.

> *"Used phones are refurbished in addition to, rather than instead of, new phones, and the smartphone circular economy (how it is currently practiced) necessarily leads to rebound. The same is true for many used goods where technology changes too rapidly to support a second hand market; in this cases, refurbishment or resale of used goods will necessarily increase net production and consumption."* (Zink, Geyer 2017, S. 598)

Der Rebound-Effekt kann auch im Rahmen des Preismechanismus auftreten. Ausgangssituation ist wieder, dass es zu einer Erhöhung der Sekundärproduktion kommt, wobei die Qualität der Sekundärproduktion eine geringere Qualität im Vergleich zur Primärproduktion aufweist. Das gilt beispielsweise für Papier und Plastik. Um Käufer für die minderwertigen Produkte zu gewinnen ist es notwendig, sie günstiger anzubieten, was bei zu erwartenden geringeren Produktionskosten möglich ist. Die Nachfrage steigt und erhöht somit auch die Produktion von Papier. Ähnlich verhält es sich mit Plastik. Kommt es als Reaktion bei der Primärproduktion zu Preissenkungen, verschärft sich der Rebound-Effekt durch die Preiseffekte (Allwood 2014). Die steigenden Gewinne aus Primärproduktion und Sekundärproduktion können zusätzlich zu einem sekundären Rebound-Effekt führen.

Ein populäres Beispiel für die Entstehung von Effizienzgewinnen, die dann jedoch überkompensiert wurden, lässt sich exemplarisch bei Handys aufzeigen: Der Goldgehalt in Mobiltelefonen konnte in dem Zeitraum zwischen 1997 und 2005 durch Effizienzmaßnahmen halbiert werden. Die dadurch verursachte Preissenkung erhöhte die Nachfrage nach Mobiltelefonen um 700 Prozent. In Folge stieg der Goldverbrauch wiederum um 300 Prozent, wodurch sich der Effizienzgewinn ins Gegenteil verkehrte (EU-Recycling 2021).

Es gibt verschiedene Möglichkeiten, Rebound-Effekte im Rahmen der Circular Economy zu verringern oder zu vermeiden (Zink, Geyer 2017, S. 599). Ein wichtiger Ansatzpunkt ist, eine längere Lebensdauer von Produkten anzustreben, was eine wichtige Maßnahme der Circular Economy ist. Weiterhin ist es erstrebenswert die Konsumenten von der Primär- zur Sekundärproduktion zu führen. Hier bieten sich auch für den öffentlichen Sektor durch den Erlass von Verordnungen große Möglichkeiten. So wurde beispielsweise in öffentlichen Einrichtungen wie Hochschulen, aber auch bei Verwaltungen, eingeführt, dass nur noch recyceltes Papier benutzt werden darf. Dadurch können Mitarbeiterinnen und Mitarbeiter angeregt werden, diese Verordnung auch in ihr Privatleben zu übernehmen.

Ein umfangreicheres Vorgehen gegen den Circular Economy Rebound regen Castro et al. an:

> *"The strategies to mitigate CER (Circular Economy Rebound) should include a combination of some of five mechanisms groups: (1) early detection, (2) environmental policy, (3) sustainable R&D, (4) price control, and (5) motivating the population. ... Some of the proposed mechanisms may harm low-income consumer groups, such as price controls, so there is no consumption growth. The mitigation should consider the asymmetrical distribution of wealth and inequality. Prioritization must be made between these elements, giving preference to mechanisms that lead to structural change instead of a more constrained world."* (Castro et al. 2022, S. 8)

7.2 Grenzen der Circular Economy

Als eine der grundlegenden Grenzen der Circular Economy gilt die Arbeit über die Thermodynamik von Georgescu-Roegen. Besondere Aufmerksamkeit fand der zweite Hauptsatz der Thermodynamik oder auch zweiter Hauptsatz der Wärmelehre. Der zweite Hauptsatz der Thermodynamik trifft eine Aussage über die Richtung der Energieübertragung, was durch ein einfaches Beispiel verdeutlicht werden kann: Eine Tasse mit heißem Wasser gibt so lange Wärme an die Umgebung ab, bis sich die Temperatur der Tasse an ihre Umgebung angepasst hat. Wasserflächen eines Sees werden durch Sonneneinstrahlung allmählich erwärmt, wobei die erwärmte Luft auf das kältere Wasser übergeht und das Wasser anwärmt. Diese Erkenntnis wurde auch auf die Circular Economy im Sinne der Thermodynamik übertragen (Walter 2019).

Eine wichtige Annahme ist, dass Recycling immer und teilweise in großer Menge Energie erfordert, und es nicht angebracht ist, alle Abfälle und Nebenprodukte, die anfallen, aus ökologischer Sicht zu recyceln (zunehmende Entropie, abnehmende Exergie). Dadurch gehen dem Ökosystem Materialien verloren, und es ist im Prinzip nicht möglich, sie wiederzugewinnen. Die Suche, das Sammeln und die Rückgewinnung dieser Materialien würden zu große Mengen an Energie erfordern. Daher kommen Korhonen et al. zu der Schlussfolgerung:

"Because of entropy, like all material and energy using processes, circular economy promoted recycling, reuse, remanufacturing and refurbishment processes too will ultimately lead to unsustainable levels of resource depletion, pollution and waste generation if the growth of the physical scale of the total economic system is not checked." (Korhonen et al. 2018, S. 42)

Dies wurde von verschiedenen Wissenschaftlern in Frage gestellt (vgl. u.a. Ayres 1999). Sie argumentieren, dass die Erde ein offenes System ist, in das unendlich viel Sonnenenergie fließt, die theoretisch betrachtet für die Rückgewinnung von Materialien und für Recyclingprozesse nutzbar gemacht werden könnte. Da die Sonnenenergie eine unendliche Ressource ist, erscheint es zumindest theoretisch möglich, alles zu recyceln. Dies würde jedoch auch sehr viel Arbeit für das Aufspüren, Wiedergewinnen und Verarbeiten aller verbrauchten Materialien und Nährstoffe erfordern.

Geht man jedoch von dem heute noch dominierenden linearen Wirtschaftsmodell aus, bedarf es radikaler Veränderungen, um zu einem zirkulären Wirtschaftsmodell zu kommen. In jedem Fall erfordert der zweite Hauptsatz der Thermodynamik, dass jeder Prozess bzw. jedes Projekt der Circular Economy genau auf seinen (globalen) Nettobeitrag zur ökologischen Nachhaltigkeit hin analysiert werden muss. Daher kann kein Kreislauf per se ein nachhaltiges Ergebnis garantieren.

Weiterhin sind die räumlichen und zeitlichen Begrenzungen des Systems einer „*linear throughput flow economy*" wahrzunehmen. Nachhaltige Entwicklung ist ein globales Ziel. Alle Länder haben sich 2015 dazu verpflichtet, eine nationale Nachhaltigkeitsstrategie auf der Grundlage der Agenda 2030 und den 17 SDGs einzuführen und umzusetzen. Dadurch entstand – so die Intention der Völkergemeinschaft – ein gemeinsames Grundverständnis nachhaltiger Entwicklung, und es sollte auf der Grundlage der 17 SDGs zu einer Vernetzung kommen. Viele Länder haben jedoch bislang keine ausdifferenzierte und wirkungsvolle nationale Nachhaltigkeitsstrategie.

Betrachtet man die Projekte vom „Typ Circular Economy", die bereits teilweise umgesetzt wurden oder in naher Zukunft umgesetzt werden sollen, so handelt es sich nur um lokale oder regionale Projekte. Bislang gibt es keine Institution, die auf globaler Ebene lokale oder regionale Projekte zusammenführt bzw. grenzüberschreitend eine Circular Economy anstrebt, wie es der Agenda 2030 entsprechen würde. Ein erster Schritt wäre, dass jedes Circular-Economy-Projekt auf seinen globalen Netto-Nachhaltigkeitsbeitrag analysiert wird. Oder anders formuliert: Alle Maßnahmen sollten nach ihrem Beitrag zur nachhaltigen Entwicklung des Systems „*society within biosphere*" bewertet werden (Ny et al. 2006).

Dabei handelt es sich um eine komplexe Herausforderung. Es gibt jedoch erste Versuche, wie z.B. Materialflussstudien hinsichtlich ihres globalen Netto-Nachhaltigkeitsbeitrags. Sie wurden im Kontext der „*Planetary Boundaries*" auf der Grundlage sogenannter Nachhaltigkeitsprinzipien „*The Natural Step Principles of the Framework for Strategic Sustainable Development (FSSD)*" durchgeführt (Robért et al. 2013).

Eines der Probleme der Circular Economy in Bezug auf den Beitrag zur globalen Netto-Nachhaltigkeit sind die Systemgrenzen:

"The physical flows of materials and energy cross organizational, administrative and geographical boundaries. The phenomena of problem displacement and problem shifting should be minimized, i.e., reducing environmental impact in one part of the system by shifting the problem to another part of the system. There are many examples of efficiency, environmental and social gains in local and regional economies that have resulted, either directly or indirectly, through supply chains, value chains, product life cycles and their networks, into difficult problems in other locations." (Korhonen et al. 2018, S. 42)

Die multinationalen Industrieunternehmen stellen ihre Produkte im Rahmen internationaler Märkte her. Dabei entstehen häufig große Umwelt- und soziale Probleme, primär in Entwicklungsländern. Daher hat Deutschland am 16. Juni 2021 ein Lieferkettengesetz verabschiedet. Das Europäische Parlament hat in diesem Zusammenhang am 10. März 2021 in einem Bericht Empfehlungen zur „*Sorgfaltspflicht und Rechenschaftspflicht von Unternehmen*" an die Europäische Kommission vorgelegt, die weiter gehen als das deutsche Lieferkettengesetz. Damit soll die Auslagerung negativer ökologischer und sozialer Effekte im Rahmen der internationalen Produktion besonders in den schwächeren Ländern des Südens, die häufig nur eine rudimentäre Circular Economy haben, zumindest verringert werden.

Abschließend lässt sich also feststellen, dass Hemmnisse und Grenzen der Circular Economy zumindest theoretisch zu überwinden sind. Dabei ist jedoch zur Kenntnis zu nehmen, dass dies in der Praxis mit enormen Herausforderungen verbunden ist. Um in diesem Kontext Wettbewerbsverzerrungen zu vermeiden, ist die Überwindung der Herausforderungen auf globaler Ebene erforderlich. Hierzu bedarf es einer Institution, die dafür zuständig bzw. verantwortlich ist.

Daher sollte folgende Empfehlung präferiert werden:

In den verschiedenen Bereichen der Circular Economy konnten viele Potenziale einer Weiterentwicklung aufgezeigt werden. Es gilt also zunächst, diese Potenziale wahrzunehmen und umzusetzen, und gleichzeitig im Rahmen von Forschungsprojekten zu analysieren, ob die Hemmnisse und Grenzen unter Berücksichtigung des technischen Fortschritts und dem Wissenszuwachs mit einem höheren Grad an Effizienz überwunden werden können. Dabei wäre eine intensivere Kooperation auf globaler Ebene wünschenswert. Das betrifft besonders Kooperationen zwischen dem globalen Norden und dem globalen Süden. Eine Voraussetzung hierfür ist, dass Circular Economy wirklich als globale Herausforderung verstanden wird.

8 Schlussfolgerungen

Die Circular Economy hat in den vergangenen Jahren an Bedeutung gewonnen. Obwohl sie auch theoretisch weiter ausdifferenziert wurde, gibt es noch einen großen Bedarf an interdisziplinärer Forschung. Wie gezeigt wurde, weist die Umsetzung in den verschiedenen Bereichen noch Potenziale mit unterschiedlichen Dimensionen auf. Weiterhin sollte die Circular Economy noch stärker in das Konzept nachhaltiger Entwicklung und hier besonders in die Agenda 2030 mit den 17 SDGs integriert bzw. mit diesen abgestimmt werden. Dadurch könnte ein einheitliches Verständnis der Circular Economy, an dem es bisher noch mangelt, auf globaler Ebene gestärkt werden.

Bisher wird Circular Economy noch stark auf die technische Dimension des Recyclings fokussiert. Dagegen ist Circular Economy, wie gezeigt werden konnte, eine ganzheitliche Systemlösung, die dazu beitragen kann, aktuelle Probleme und Krisen wie Klimawandel, Verlust an Biodiversität, die Übernutzung von Ressourcen und globale Gesundheitsgefährdungen einzugrenzen oder gar zu verringern. Aus ökonomischer Perspektive können die Wettbewerbsfähigkeit gestärkt, die Rohstoffabhängigkeit der Wirtschaft verringert, die lokale Wertschöpfung und die Schaffung neuer Arbeitsplätze gefördert werden.

Eine wichtige Maxime in diesem Kontext ist, den technischen Fortschritt und das Produkt-Design stärker auf die Anforderungen der Circular Economy auszurichten. Die Weiterentwicklung der Circular Economy hängt daher ganz wesentlich vom Stand der Technik und vom Zuwachs an Wissen ab. Es wurde jedoch aufgezeigt, dass Circular Economy nicht darauf reduziert werden darf, was noch nicht in vollem Maße erkannt wurde. Es geht auch um die Förderung der 4 R: Reduce (Verlängerung der Lebensdauer und Verringerung des Einsatzes von Ressourcen bzw. Stärkung der Ressourceneffizienz), Reuse (Wiederverwendung und Reparieren), Recycle (Wiedergewinnung von Sekundärrohstoffen aus entsorgten

Produkten oder Abfällen) und Recover (Verbrennung von Materialien mit Energierückgewinnung).

Die Vorteile bzw. die großen Potenziale der Circular Economy müssen jedoch auch im Bewusstsein der Gesellschaft und hier besonders bei den Konsumenten stärker verankert werden. So gibt es im Kontext der vier R für die Konsumenten noch große Potenziale. In diesem Zusammenhang bedarf es beispielsweise für Konsumenten transparente Entscheidungshilfen, z.B. in Form von Labels. Auch im Rahmen der Forschung und in den meisten Bildungseinrichtungen gibt es noch vielfältige Möglichkeiten der Förderung von Kompetenzen und Problemlösungen, wie es die UN-Dekade *„Bildung für nachhaltige Entwicklung"* fordert. Die Wissenschaft kann schließlich durch interdisziplinäre Forschung die erfolgreiche Implementierung der Circular Economy auf verschiedenen Ebenen fördern.

Das gilt besonders bei Modellierungen, Simulationen und der Konzipierung von Instrumenten. Zu nennen sind die Abschätzung der Stoffflüsse, der zu erwartenden Produktnutzungsdauer oder der Bedarfsentwicklung im Reuse-Bereich. Hierbei hat die Digitalisierung eine herausragende Funktion. Hier gibt es jedoch ein großes Konfliktpotenzial: Um eine nachhaltige Nutzung der Digitalisierung auch in diesem Kontext zu erreichen, müssen der enorme Energie- und Ressourcenverbrauch und hier besonders der Verbrauch von Seltenen Erden deutlich gesenkt werden. Dieses Konfliktfeld findet in Politik, Wirtschaft und Wissenschaft noch zu wenig Beachtung.

Weiterhin geht es darum, ein zentrales Defizit zu beseitigen: Noch mangelt es in Deutschland, wie auch in vielen anderen Ländern, an einem klaren Zielbild für die Circular Economy. Auf dieser Grundlage geht es dann darum, eine Circular-Economy-Strategie zu entwickeln, die mit einem konsistenten Indikatorensystem ausgestattet ist. Diese Strategie muss mit der nationalen Nachhaltigkeitsstrategie abgestimmt werden. Es mangelt also auch bei der Circular Economy vielfach noch an einer Abstimmung zwischen verschiedenen Bereichen.

Eine Circular-Economy-Strategie, die auf einem Indikatorensystem basiert, ermöglicht sowohl die Steuerung und Nachverfolgung von Veränderungsprozessen und die Messung und Bewertung des Entwicklungsstandes bzw. -fortschritts der Circular Economy. Für diesen Monitoring-Prozess sollte eine ressortübergreifende und unabhängige Institution zuständig sein, die in einem partizipativen Verständnis wichtige gesellschaftliche Akteure mit einbezieht. Für die Umsetzung der Strategie ist die Festlegung gesetzlicher Rahmenbedingungen und wirtschaftlicher Anreize erforderlich.

Es wurde aber auch deutlich, dass die Circular Economy nur über eine verstärkte Internationalisierung zu dem angestrebten Erfolg führen kann. Auf europäischer Ebene wurde mit dem *„Circular Economy Action Plan"* eine wichtige Grundlage für die Umsetzung zirkulärer Maßnahmen geschaffen. Die Konzepte und Maßnahmen müssen aber auch von den Mitgliedsländern in die nationalen Kontexte aufgenommen und verantwortungsvoll realisiert werden. Hinsichtlich der globalen Aufgaben lassen sich die Herausforderungen nur dann lösen, wenn Maßnahmen auf internationaler Ebene gebündelt und effizient umgesetzt werden.

Perspektivisch ist es im Sinne nachhaltiger Entwicklung unumgänglich, ein internationales Übereinkommen zum Schutz der natürlichen Ressourcen zu vereinbaren, wonach faire Bedingungen der Gewinnung von Rohstoffen festlegt werden. Weiterhin sollten gemeinsame Ziele zum Aufbau einer globalen Circular Economy vereinbart werden. Mit der Verabschiedung der Agenda 2030 und den 17 SDGs hat sich die internationale Staatengemeinschaft eindeutig für die nachhaltige Nutzung natürlicher Ressourcen und einer gemeinsamen Verantwortung zum Erhalt des Lebensraums heutiger und zukünftiger Generationen verpflichtet.

Es hat sich jedoch gezeigt, dass Freiwilligkeit, mangelnde Kompetenzen und Gesetzgebungen sowie eine unzureichende finanzielle Umsteuerung zu einer nur schleppenden Umsetzung der Circular Economy führen. Daher gibt es auch hier weiteren Forschungsbedarf und die Notwendigkeit einer internationalen Kooperation zum Aufbau einer globalen Kontrollinstanz, die Verbindlichkeiten festlegt, die Einhaltung internationaler Übereinkommen überwacht und eine ökologisch sowie sozial ausgewogene globale Strategie entwickelt. Hierbei kommt den Industrieländern gegenüber den Entwicklungsländern eine besondere Verantwortung zu.

Literatur

acatech (Circular Economy Initiative Deutschland) (Hrsg.): Ressourcenschonende Batteriekreisläufe – Mit Circular Economy die Elektromobilität antreiben, München 2020.

acatech (Circular Economy Initiative Deutschland) (Hrsg.): Circular Economy Road Map für Deutschland, München 2021a.

acatech (Circular Economy Initiative Deutschland) (Hrsg.): Zirkuläre Geschäftsmodelle: Barrieren überwinden, Potenziale freisetzen, München 2021b.

Allwood, J. M.: Squaring the circular economy: The role of recycling within a hierarchy of material management strategies, in: Handbook of recycling: state-of-the-art for practitioners, analysts and scientists, edited by E. Worrell and M. Reuter, Waltham, MA, USA: Elsevier 204.

Ayres, R.U.: The second law, the fourth law, recycling and limits to growth, in: Ecol Econ. 29 (3) 1999, S. 473-483.

Bakker, C.A. et al.: Designing cradle to cradle products: a reality check, in: International Journal of Sustainable Engineering, Volume 3, Issue 3, 2010, S. 1-19.

Barbiroli, G.: Eco-efficiency or/and eco-effectiveness? Shifting to innovative paradigms for resource productivity, in: International Journal of Sustainable Development and World Ecology, 13 (5), 2006, S. 391–395, https://doi.org/10.1080/13504500609469688.

Barghorn, L.: Blue Economy: Das Konzept von Gunter Pauli in 10 Punkten. Abgerufen 26. Januar 2020, https://utopia.de/ratgeber/blue-economy-das-konzept-von-gunter-pauli-in-10-punkten.

Bari, A. et al.: Our Oceans and the Blue Economy: Opportunities and Challenges, in: ScienceDirect 2017, http://creativecommons.org/licenses/by-nc-nd/4.0/.

Bartnik, S. et al.: Erweiterte Produzentenverantwortung. Internationales Zukunftsmodell in der Abfallwirtschaft, in: Müll und Abfall, Fachzeitschrift für Kreislauf- und Ressourcenwirtschaft, 4/2018, S. 27-33.

Bertelsmann Stiftung: Viele Worte, wenige Taten: UN-Nachhaltigkeitsziele könnten scheitern, https://www.bertelsmannstiftung.de› de›themen›aktuelle-meldung 06.2018.

BMU (Bundesministerium für Umwelt, Naturschutz und nukleare Sicherheit): Nationales Programm für nationalen Konsum, 3. aktualisierte Auflage, Bonn 2019.

Bocken, N. et al.: A Review and Evaluation of Circular Business Model Innovation Tools, The International Institute for Industrial Environmental Economics, Lund University, Tegnérplatsen 4, Lund 22100, Schweden, 2019.

Braungart, M.: Cradle to Cradle – Ressourceneffektive Produktion, in: Neugebauer, R. (Hrsg.): Handbuch ressourcenorientierte Produktion, München 2014, S. 141-149.

Braungart, M., McDonough, W.: Einfach intelligent produzieren – Cradle to Cradle: Die Natur zeigt, wie wir die Dinge besser machen können. Gero von Randow (Hrsg.), Berlin 2003.

Braungart, M., McDonough, W.: Cradle to Cradle. Einfach intelligent produzieren, 4. Aufl., München 2016.

Breitkopf, A.: Statistiken zum Thema Recycling, 2020 online im Internet: https://de.statista.com/themen/1549/recycling/#dossier-Summary, Statista (Hrsg.), (Zugriff am 27.05.2021).

Brüggemann, A.: Circular Economy als Schlüssel für nachhaltiges Wirtschaften und Ressourcensicherheit, erschienen in: KfW Research. Fokus Volkswirtschaft. Nr. 258, 2019.

Castro, C. G. et al.: The rebound effect of circular economy: Definitions, mechanisms and a research agenda, in: Journal of Cleaner Production 345, 2022, S. 1-13.

Chowdhury, S. et al.: An overview of solar photovoltaic panels end of life material recycling, in: Energy strategy Reviews 27, 2020, S. 1-11.

Circle Economy: The Circularity Gap Report 2021, Amsterdam 2021.

Conversio: Stoffstrombild Kunststoffe in Deutschland 2019, Frankfurt 2020.

Corona, B. et al.: Towards sustainable development through the circular economy - A review and critical assessment on current circularity metrics, in: Resources, Conservation and Recycling, Volume 151, December 2019.

Dehio, J. et al.: Der Markt für Recyclingkunststoffe im Umbruch: Veränderung durch Importbeschränkungen nach China und neue EU-Regeln, RWI Positionen, No. 70, 2018
http://hdl.net/10419/180227.

DESTATIS: Umwelt – Abfallbilanz, Statistisches Bundesamt 2020.

DNR (Deutscher Naturschutzring): Rohstoffpolitik 2.0. Für eine umwelt- und klimagerechte Ressourcenpolitik 2019. Online unter: https://www.dnr.de/rohstoffpolitik-20/glossar/grundbegriffe/rohstoffverbrauch/ Zugriff am 10.05.2021.

Drabe, V., Herstatt, C.: Why and how companies implement Circular Economy concepts – the case of Cradle to Cradle innovations, Paper submitted to: R&D Management Conference 2016, S. 1-11.

Dunn, J.: Understanding cobalt's human costs, Science Daily, Northwestern University December 17, 2021.

Earth Overshoot Day 2021: „Der diesjährige Earth Overshoot Day / Erdüberlastungstag ist am 22. August mehr als drei Wochen später als letztes Jahr" (Pressemitteilung vom 05.06.2020).
URL: https://www.overshootday.org/newsroom/press-release june-2020-german/ Stand: 02.12.2020.

Earth Overshoot Day 2020: Country Overshoot Days, 2020.
URL: https://www.overshootday.org/newsroom/country-overshoot days/ Stand: 02.12.2020.

EC (European Commission): Fahrplan für ein ressourcenschonendes Europa, Brüssel 2011.

EC (European Commission): Öffentliche Auftragsvergabe zur Förderung der Kreislaufwirtschaft. Bewährte Verfahren und Leitlinien, Brüssel 2018.

EC (European Commission): Ein neuer Aktionsplan für die Kreislaufwirtschaft – Für ein sauberes und wettbewerbsfähige Europa, Brüssel 2020.

EMF (Ellen MacArthur Foundation): Delivering the Circular Economy: A Toolkit for Policymakers 2015. URL: https://www.ellenmacarthurfoundation.org/publications/delivering-the-circular-economy-toolkid-for-policymakers.

EMF (Ellen MacArthur Foundation) (Hrsg.): Growth within a circular economy vision for a competitive Europe, 2015.

EMF (Ellen McArthur Foundation): The Concept of a Circular Economy. https://www.ellen-macarthurfoundation.org/news/efficiency-vs-effectiveness (Zugriff am 05.05.2021).

EMF (Ellen McArthur Foundation): (Hrsg.) Material-Circularity-Indicator, 2021 https://www.ellenmac-arthurfoundation.org/resources/apply/material-circularity-indicator (Zugriff am 26.05.2021).

EP (Europäisches Parlament Kreislaufwirtschaft). https://www.europarl.europa.eu/news/de/headlines/economy/20151201STO05603/kreislaufwirtschaft-definition-und-vorteile (Zugriff am 18.05.2021).

Europäische Kommission: Eine neue Industriestrategie für Europa. Mitteilung der Kommission an das europäische Parlament, den europäischen Rat, den europäischen Wirtschaft- und Sozialausschuss und den Ausschuss der Regionen, Brüssel 2020.

European Commission: Study on the review of the list of Critical Raw Materials – Criticality Assessment, Brussels 2017.

EU-Recycling: Etwas Schwund ist immer: Rebound-Effekt und dissipative Verluste, 2015. https://eu-recycling.com/Archive/7887, Zugriff am 01.07.2021.

Färber. G. et al: Circular Economy and Sustainable Energy, in: Reichwald, R. et al. (Hrsg): Circular Economy, TUM Forum Sustainability, München 2022, S. 60-75.

Ferronato, N. et al.: Introduction of the Circular Economy within developing countries, in: Journal of Environmental Management 230 (2019, S. 366-378).

Fischer, D., v. Hauff, M.: Nachhaltiger Konsum, Wiesbaden 2017.

Fraunhofer Presseinformation: Neuartiges Recycling von Bauschutt, Oktober 2018.

Fraunhofer Umsicht (Fraunhofer Institut für Umwelt-, Sicherheits- und Energietechnik) (Hrsg.): Studie zur Circular Economy im Hinblick auf die chemische Industrie, Fraunhofer Umsicht 2017.

Freitag, C. et al.: Climate Impact of IC: A review of estimates, trends and regulations, BMALL Word Lancaster University December 2020.

Friant, M.C.: Copernicus Institute of Sustainable Development MSC Environment and Sustainable Development, o.J., Utrecht University.

Fröhling, M. et al.: Economic Theory and Practice, in: Reichwald, R. et al. (Hrsg): Circular Economy, TUM Forum Sustainability, München 2022, S. 77-91.

Gäth, S., Meißner, S.: Ressourcenschonung durch innovative Recycling- und Kreislaufkonzepte, in: Reller, A. et al. (Hrsg.): Ressourcenstrategien – Eine Einführung in den nachhaltigen Umgang mit Ressourcen, Darmstadt 2013, S. 105-122.

Geissendoerfer, M. et al.: The Circular Economy. A new Sustainability Paradigm?, in: Journal of Cleaner Production, 143, 2017, S. 757-768.

Geissendoerfer, M et al.: Circular business models: A review, in: Journal of Cleaner Production, 277, 2020, S. 1-15.

Global Footprint Network: Earth Overshoot Day, www.footprintnetwork.org.

Goldschmidt, J. et al.: Technological learning for resource efficient towards terawatt scale photovoltaics, in: Energy & Environment Science 14, 2021, S. 5147-5160.

Gower, R., Schroeder, P.: Virtous circle: How the Circular Economy can save lifes and create jobs in low and middle income countries. London, UK: Tearfund and Institute of Development Studies, 2016.

Granata, G. et al.: Recycling of photovoltaic panels by physical operations, in: Solar Energy Materials & Solar Cels 123, 2014, S. 239-248.

Hauff, von M., Jörg, A.: Nachhaltiges Wachstum, 2. Auf., München 2017.

Hauff, von M., Schulz, R., Wagner, R.: Deutschlands Nachhaltigkeitsstrategie, München 2018.

Hauff, von M., Reller, A.: Nachhaltige Entwicklung und Digitalisierung: Eine noch nicht ganz geklärte Herausforderung, in: v. Hauff, M., Reller, A. (Hrsg.): Nachhaltige Digitalisierung – Eine noch zu bewältigende Zukunftsaufgabe, Wiesbaden 2020, S. 5-10.

Hauff, von M.: Nachhaltigkeit für Deutschland? Klare Antworten aus erster Hand, München 2020.

Hauff, von M.: Nachhaltige Entwicklung-Grundlagen und Umsetzung, 3. Aufl., München 2021.

Hauff, V.: Unsere gemeinsame Zukunft – Der Brundtland-Bericht der Weltkommission für Umwelt und Entwicklung, Grefen 1987.

Hauschild, M. Z.: Better – but is it good enough? On the need to consider both eco-efficiency and eco-effectiveness to gauge industrial sustainability, ScienceDirect 2015, S. 1-7.

Hedberg, A. et al.: Towards a circular economy: The role of digitalization, in: One Earth, volume 4, 2021, S. 783-785, https://doi.org/10.1016/j.oneear.2021.05020.

Hofmann, F.: Circular business model experimentation capabilties – A case study aproach,2022, https://doi.org/10.1002/bse.3038.

Hofmann, F.: Circular business models: Business approaches as driver or obstructer of sustainability transition? in: Journal of Cleaner Production, 224 (2019), S. 361-374.

Hofmann, F. et al.: Circular Economy als Gegenstand einer sozial-ökologischen Transformation?, in: Jahrbuch für nachhaltige Ökonomie 2018/2019, S. 2015-228.

Horbach, J., Rammer, C.: Employment and Performance Effects of Circular Economy Innovations, ZEW Discussion Paper, No. 19-016, 05/2019.

Huber, J.: Konsistenz – schlüssig für Nachhaltigkeit, in: Leitschuh, H. (Hrsg.): Jahrbuch Ökologie, Stuttgart 2014, S. 55-63.

Jackson, T.: Wohlstand ohne Wachstum. Leben und Wirtschaften in einer endlichen Welt, 3. Auflage, München 2017.

Jaeger-Erben, M.; Hofmann, F.: Kreislaufwirtschaft – Ein Ausweg aus der sozial-ökologischen Krise?, Veröffentlichung der Hessischen Landeszentrale für politische Bildung, Wiesbaden 2019.

Jaron, A., Neubauer, A.: Abfallvermeidungsprogramm des Bundes unter Beteiligung der Länder, BMU, Berlin 2013.

Jung, G.: Kreislaufwirtschaft als Wirtschaftsmodell, in: Zeitschrift für das Recht, 19/2020, S. 2-12.

Känzig, J.: Eine Wirtschaft ohne Müll? erschienen in: Die Volkswirtschaft 8-9, 92. Jahrgang, 2019. S. 36-39.

Kirchherr, J., Reike, D., Hekkert, M.: Conceptualizing the circular economy: An analysis of 114 definitions, in: Resources, Conservation and Recycling, Volume 127, December 2017, S. 221-232.

Kopnina, H.: Circular economy and Cradle to Cradle in educational practice, in: Journal of Integrative Environmental Sciences, Volume 15, 2018, S. 119-134.

Korhonen, J., Honkasalob, A., Seppälä, J.: Circular Economy: The Concept and its Limitations, in: Ecological Economics 143, 2018. Available from: https://www.researchgate.net/publication/318385030_Circular_Economy_the_Concept_and_its_Limitation#read (acces-sed Jan 2022).

Kranert, M.: Einführung in die Kreislaufwirtschaft, Vieweg 2017.

Kreislaufwirtschaft Bau: Mineralische Bauabfälle Monitoring 2018, Berlin 2021.

Landesamt für Umwelt Rheinland-Pfalz: Klimaschutz durch Kreislaufwirtschaft, Mainz 2022.

Lee, K.-H. et al.: The Blue Economy and the United Nations' sustainable development goals: Challenges and opportunities, in: Environment International, Volume 137 April 2020, https://doi.org/10.1016/j.envint.2020.105528.

Mainzer, K., Lehmann-Brauns, S.: Circular Economy through Digitalisation, in: Reichwald, R. et al. (Hrsg.): Circular Economy, TUM Forum Sustainability, München 2022.

March, L.: Blue Economy – Der Traum von Wachstum ohne Umweltbelastung, 2015 Abgerufen 26. Januar 2020, von https://www.deutschlandfunkkultur.de/blue-economy-der-traum-von-wachstum-ohne-umweltbelastung.976.de.html?dram:article_id=313190.

Marscheider-Weidemann, F., Langkau, S., Hummen, T., Erdmann, L., Tercero Espinoza, L., Angerer, G., Marwede, M., Benecke, S.: Rohstoffe für Zukunftstechnologien, Berlin 2016.

Mauser, K. et al.: Circular Economy through Digitalisation, in: Reichwald, R. et al. (Hrsg): Circular Economy, TUM Forum Sustainability, München 2022, S. 93-100.

Meißner, S.: Global Metal Mining and Physical Water Stress – Water Impact Assessment of the Mining Industry within the Raw Materials Criticality Methodology, Habilitationsschrift, Augsburg 2019.

Moreau, V., Sahakian, M., van Griethuysen, P., Vuille, F.: Coming Full Circle: Why Social and Institutional Dimensions Matter for the Circular Economy. In: Journal of Industrial Ecology 21 (3), 2017 S. 497–506.

Murray, A. et al.: The Circular Economy: An Interdisciplinary Exploration of the Concept and Application in a Global Context, in: Journal of Business Ethic, 140, 2017, S. 369-380.

NABU: Kunststoffabfälle in Deutschland, 2022 www.NABU.de/plastik.

Nakajiama, K. O. et al.: Thermodynamic analyses of contamination by alloying elements in aluminium recycling, in: Environmental Science & Technology 44(14) 2010, S. 5594-5600.

Nielsen, C.: Is sharing the new buying?, 28 May 2014 www.nielsen.com/us/en/insights/news/2014/is-sharing-the-new-buying.html.

Ny, H. et al.: Sustainability constraints as system boundaries: an approach to making life-cycle management strategic, in: Journal Industrial Ecology 10 (1-2) 2006, S. 61-77.

Oberle, B. et al.: Global Resources Outlook 2019: Natural resources for the future we want, United Nations Environment Programme (2019) https://www.resourcepanel.org/reports/global-resources-outlook.

OECD: Global Material Resources Outlook to 2060, Paris 2018.

OECD: Global Plastics Outlook: Policy Scenarios to 2060, Paris 2022.

OmniCert Umweltgutachter 2021. https://www.umwelt-gutachter.de/ innovation. Zugriff am 13.05.2021.

PACE: Circularity Gap Report 2020, Amsterdam 2020.

Pauli, G. A.: The blue economy: 10 years, 100 innovations, 100 million jobs. Paradigm Publications 2010.

Pearce, D. W., Turner, R.: Economics of natural resources and the environment, Harvester Wheatsheaf 1990.

Petrischak, H.: Das System Erde. Ein Appell für den Erhalt unserer natürlichen Lebensgrundlagen, Wiesbaden 2021.

Ramesohl, S. et al.: Circular Economy und Digitalisierung – Strategien für die digital-ökologische Industrietransformation, Wuppertal Institut Studie 2022.

Rat für Digitale Ökologie: Digitalisierung und Treibhausgase, Berlin 2022.

Raworth, K.: Doughnat Economics: Seven Ways to think like a 21st Economist, Cornerstone 2018.

Reike, D. et al.: The circular economy: New or Refurbished as CE 3.0? – Exploring Controversies in the Conceptualisation of the Circular Economy through a Focus on History and Resource Value Retention Options, in: Resources, Conservation & Recycling 2017.

Reller, A.: Schont die Digitalisierung Ressourcen? Kurze Bestandsaufnahme zur Dynamik der Digitalisierung, in: v. Hauff, M., Reller, A. (Hrsg.): Nachhaltige Digitalisierung – eine noch zu bewältigende Zukunftsaufgabe, Wiesbaden 2020, S. 25-34.

Repp, L. et al.: Circular economy-induced global employment shifts in apparel value chains: Job reduction in apparel production activities, job growth in reuse and recycling activities, in: Resources, Conservation and Recycling. Volume 171, August 2021, S. 1-50.

Robért, K.-H. et al.: Analysing the concept of planetary boundaries from a strategic sustainability perspective: how does humanity avoid tipping the planet? in: Ecological Economics 143, 2018, S. 37-46.

Rodriguez-Anton, J. M. et al.: Analyses of the relationship between circular economy and sustainable development goals, in: International Journal of Sustainable Development & World Ecology, 26(4) 2019, S. 1-13.

Sachverständigenrat für Umweltfragen: Keislaufwirtschaft: Von der Rhetorik zur Praxis, Berlin 2020.

Sanguino, R. et al.: Current trends in economic, sustainable development, and energy: a circular economy view, in: Environmental Science and Pollution Research, volume 27, 2020, S. 1-7.

Santarius, T.: Entkopplung. In: Bauriedl, Sybille (Hrsg.): Wörterbuch Klimadebatte, Bielefeld 2015, S. 81-86.

Schmela, M.: SolarPower Europe, Global Market Outlook for Solar Power 2018, S. 2018-2022.

Schmidt, M. et al.: Model-based analysis of the limits of recycling for its contribution to climate change mitigation, in: NachhaltigkeitsManagement Forum 29, 2021, S. 65-75.

Schrack, D.: Nachhaltigkeitsorientierte Materialflusskostenrechnung, Wiesbaden 2016.

Schroeder, P. et al.: The Relevance of Circular Economy Practices to Sustainable Development Goals, in: Volume 23, Number 1 Yale University 2018, S. 77-95.

Shin, J. et al.: A method to recycle silicon wafer from end-of-life photovoltaic module and solar panels by using recycled silicon wafers, Sol. Energy Mater. Sol. Cells 162, 2017, S. 1-6.

Silva de Souza Lima, N. et al.: Integration of informal recycling sector in Brazil and the case of Sorocaba City, in: Waste Mang. Res. 35, 2017, S. 721-729.

Skene, K., Murray, A.: Sustainable Economics. Context, Challenges and Opportunities for the 21st-Century Practitioner, Sheffield 2015.

Sorrell, S., Dimitropoulos, J.: The rebound effect: Microeconomic definitions, limitations and extensions, in: Ecological Economics 65(3) 2008, S. 636-649.

Stahel, W. R.: The circular economy, in: Nature 531, 2016, S. 435-438.

Stahel, W. R., Clift, R.: Stocks and Flows in the Performance Economy, in: Stahel, W. R., & Clift, R. (eds): Stocks and flows in the performance economy. In Taking stock of industrial ecology, Springer, Cham 2016, S. 137-158.

Suárez-Eiroa, B. et al.: Operational principles of circular economy for sustainable development: Linking theory and practice, in: Journal of Cleaner Production, 214 (2019) S. 952-961.

Umweltbundesamt (UBA): Rebound-Effekte, 2019 https://www.umweltbundesamt.de/themen/abfallressourcen/oekonomische-rechtliche-aspekte-der/rebound-effekt

Umweltbundesamt (UBA): Daten. Umweltindikatoren. Indikator: Gesamtrohstoffproduktivität, 2020. https://www.umweltbundesamt. de/daten/umweltindikatoren/indikator-gesamtrohstoffproduktivitaet, Zugriff am 01.05.2021.

Umweltbundesamt (UBA): Bauabfälle, Dessau-Roßlau 2021.

Umweltbundesamt (UBA): Kunststoffabfälle, Dessau-Roßlau 2021.

Umweltbundesamt (UBA): Umweltschädliche Subventionen in Deutschland. Aktualisierte Ausgabe 2021, Dessau-Roßlau 2021.

Walter, C.: The Circular Economy in the Boundaries of the Second Law of Thermodynamics 2019, https://www.linkedin.com/pulse/circu lareconomy-boundaries-second-law-thermodynamics-christof-walter.

WBGU (Wissenschaftlicher Beirat der Bundesregierung Globale Umweltveränderungen): Welt im Wandel – Gesellschaftsvertrag für eine Große Transformation, Berlin 2011.

Weber, T., Stuchtey, M. (Hrsg.): Deutschland auf dem Weg zur Circular Economy – Erkenntnisse aus europäischen Strategien (Vorstudie), München 2019.

Weltbank: What a Waste 2.0: A Global Snapshot of Solid Waste Management to 2050, Washington 2018.

Wenhai, L. et al.: Successful Blue Economy Examples with an Emphasis on international Perspectives, in: Frontiers in Marine Science, Volume 6, 2019, S. 1-13.

Westkamp, M.: Modell zur Bewertung von Investitionen zur Steigerung der Ökoeffektivität innerbetrieblicher Wertschöpfungsketten, Stuttgart 2018.

Wiener, M.: 30 Jahre Grüner Punkt. https://www.gruener-punkt.de/de/unternehmen/news/details/30-jahre-gruener-punkt,grüner-punkt.de, Zugriff 15.06.2021.

Wilderer, P. et al.: Sustainability requires Circular Economy, in: Reichwald, R. et al. (Hrsg): Circular Economy, TUM Forum Sustainability, München 2022, S. 47-59.

Wilson, D. C. et al.: Building recycling rates through the informal sector, in: Waste Mang. 29, 2009, S. 629-635.

Wilson, S. et al.: How will Europe's Ecodesign Measures Affect the Circular Economy in Low-Income Countries, Tearfund 2017.

Wilts, H.: Deutschland auf dem Weg in die Kreislaufwirtschaft? in: WISO-Diskurs 2016.

Xu, Y. et al.: Global Status of Recycling Waste Solar Panels: Review, Waste Management, 2018.

Zink, T., Geyer, R.: Circular Economy Rebound, in: Research and Analyses Volume 21, Number 3, 2017, S. 593-603.

Zmart: EPR – Was ist die erweiterte Herstellerverantwortung? 2022 www.zmart.de/blog/erp-was-ist-die-erweiterte-herstellerverantwortung.

Index

Abfallaufkommen 27, 57, 113
Agenda 2030 6, 116, 134
Bauabfälle 76, 77
Bildungspolitik 120
Biodiversität 18, 53, 91, 137
Biomasse 27
Blue Economy 21, 97
Brundtland-Bericht 35
Circular Business Model (CBM) 64
Circular Society 61
Circularity Gap 38, 112
Cradle to Cradle 117
Cradle-to-Cradle-Ansatz 21, 97
Digitalisierung 19, 120
Earth Overshoot Day 15
Elektro-Altgeräte 40
Energie, regenerative 20, 28, 38, 128
Entkopplung 52, 73
Entwicklung, nachhaltige 23, 35, 105, 117
Entwicklungsländer 32, 92
Erdüberlastungstag 15

Europa 2020 69
Europäische Union 69
Externalität 101
Fußabdruck, ökologischer 17
Green Deal 31, 70, 72
Handy 96
Indium 87
Klimaschutz 38, 41, 91
Klimawandel 5, 56, 137
Kongo 33
Konsum 19
Kreislaufwirtschaft 19, 68, 72, 79
Kunststoff 80
Kunststoffabfall 74
Kunststoffe 40, 82
Lieferketten 39, 90
Linearwirtschaft 5, 43
Metalle 18, 27, 33, 40, 87, 123
Metallminen 34
Mikroplastik 106
Mineralien 18
nachhaltige Entwicklung 23, 35, 105, 117

Nutzungsdauer 40, 50, 108
Ökoeffektivität 20, 44, 47, 49
Ökoeffizienz 20, 44, 111
ökologischer Fußabdruck 17
Ökosystem 106
Ökosysteme 32, 46
Performance Economy 21, 107, 108
Primärrohstoff 57
Primärrohstoffe 54, 118
Produkt-Design 53, 75, 127
Rebound-Effekt 127, 129, 131
Recyclat 58
Recyclate 130
Recycling 130
regenerative Energie 28, 38, 128
Ressourcenknappheit 24, 50, 65

Ressourcenproduktivität 36
SDG 36, 104
Sekundärrohstoffe 32, 70, 79, 118, 128
Seltene Erden 33
Stoffkreislauf 46
Thermodynamik 132, 133
-, Gesetze der ~ 127
Traktionsbatterien 76, 89
Transformation 57, 61, 74, 95, 112
Transformationsprozess 5, 7, 18, 23, 46, 60, 65, 70, 104, 113, 120, 121
Treibhausgas 13, 18, 23, 38, 39, 59, 74, 111, 121, 124
UN 60, 138
UN-Sondergipfel 36
Zirkularität 27, 57, 62